Peter E. Kalb (Hrsg.): Einmischung

Peter E. Kalb (Hrsg.)

Einmischung

Schriftsteller über
Schule, Gesellschaft, Literatur

CIP-Kurztitelaufnahme der Deutschen Bibliothek

Einmischung : Schriftsteller über Schule, Gesellschaft, Literatur / Peter E. Kalb (Hrsg.). – 1. Aufl. – Weinheim ; Basel : Beltz, 1983. (Die blaue Reihe von b:e)
ISBN 3-407-33300-5

NE: Kalb, Peter E. [Hrsg.]

Herausgegeben im Auftrag der Redaktion „betrifft:erziehung“

1. Auflage 1983

Reihenlayout, Umschlaggestaltung und Herstellung: Klaus Kaltenberg
Satz: Fa. Schulz, 6947 Laudenbach
Druck und buchbinderische Verarbeitung: Offsetdruckerei Beltz, 6944 Hemsbach
Printed in Germany

ISBN 3-407-33300-5

Inhaltsverzeichnis

Vorwort

Günter Grass sieht sich von morgens bis abends mit dem deutschen pädagogischen Wahn konfrontiert; Peter Härtling fragt sich, warum man Gedichte zu Prüfsteinen machen muß, wenn man sie auch miteinander lesen kann; Stefan Heym meint, daß den Schülern in der DDR stinklangweilige Bücher vorgelegt werden, die sie im Schulunterricht lesen müssen (freilich sollen die Schüler in der DDR nach Heym's Meinung darüber hinaus sehr viel mehr lesen als die Schüler hier in der Bundesrepublik); für Jurek Becker sieht es oft so aus, daß für einen Schüler weniger wichtig sei, hinter die Intention eines Textes zu kommen, als dahinter, welche Meinung sein Lehrer davon hat.

Über Schüler und Schule, über Atmosphärisches aus Schulen, über die junge Generation sprechen die befragten Schriftstellern häufig. Aber eines verbindet nahezu alle, die hier zu Wort kommen: Jeder auf seine Weise übt massive Kritik an der Schule, wie er sie wahrnimmt. Und die Literaten unter den Befragten sind sich wiederum darüber einig, daß im Deutschunterricht Literatur zu Tode geritten, zu Tode interpretiert, zerstückelt wird. Sie wollen alle gelesen und weniger analysiert werden.

Die Gespräche fanden – wie kann es anders sein – in völlig unterschiedlichen Situationen statt. Mal war es ein Hotelzimmer, mal die gute Stube mit Kaffee und Kuchen, mal eine sonnige Terrasse mit Obstschnaps, mal ein Wohnzimmer mit den Geräuschen eines tickernden Fernschreibers aus dem Nebenzimmer, mal beschauliche Ruhe im schweizerischen Thalwil, lediglich unterbrochen von schnatternden Gänsen im Garten. Die Gespräche sind zum größten Teil keine Momentaufnahmen einer aktuellen Stimmungslage der Befragten, sondern zu meist in einem längeren Prozeß entstanden: Das Gespräch wurde jeweils aufgezeichnet, redigiert und bearbeitet und dem Interviewten zum Gegenlesen vorgelegt. Lediglich Günter Grass und Erich Fried hatten keinerlei Interesse daran, den Text noch einmal zu sehen. Am akribischsten hat Jurek Becker den Gesprächstext bearbeitet, ergänzt, anders formuliert.

Wer an diesen Gesprächen beteiligt war, wird auf Seite 141 erläutert. Bei allen Beteiligten möchte ich mich auf diesem Wege bedanken, besonders aber bei Wolfgang Geisler für seine sachkundige Hilfe.

Weinheim, im Herbst 1983

Peter E. Kalb

Literaten

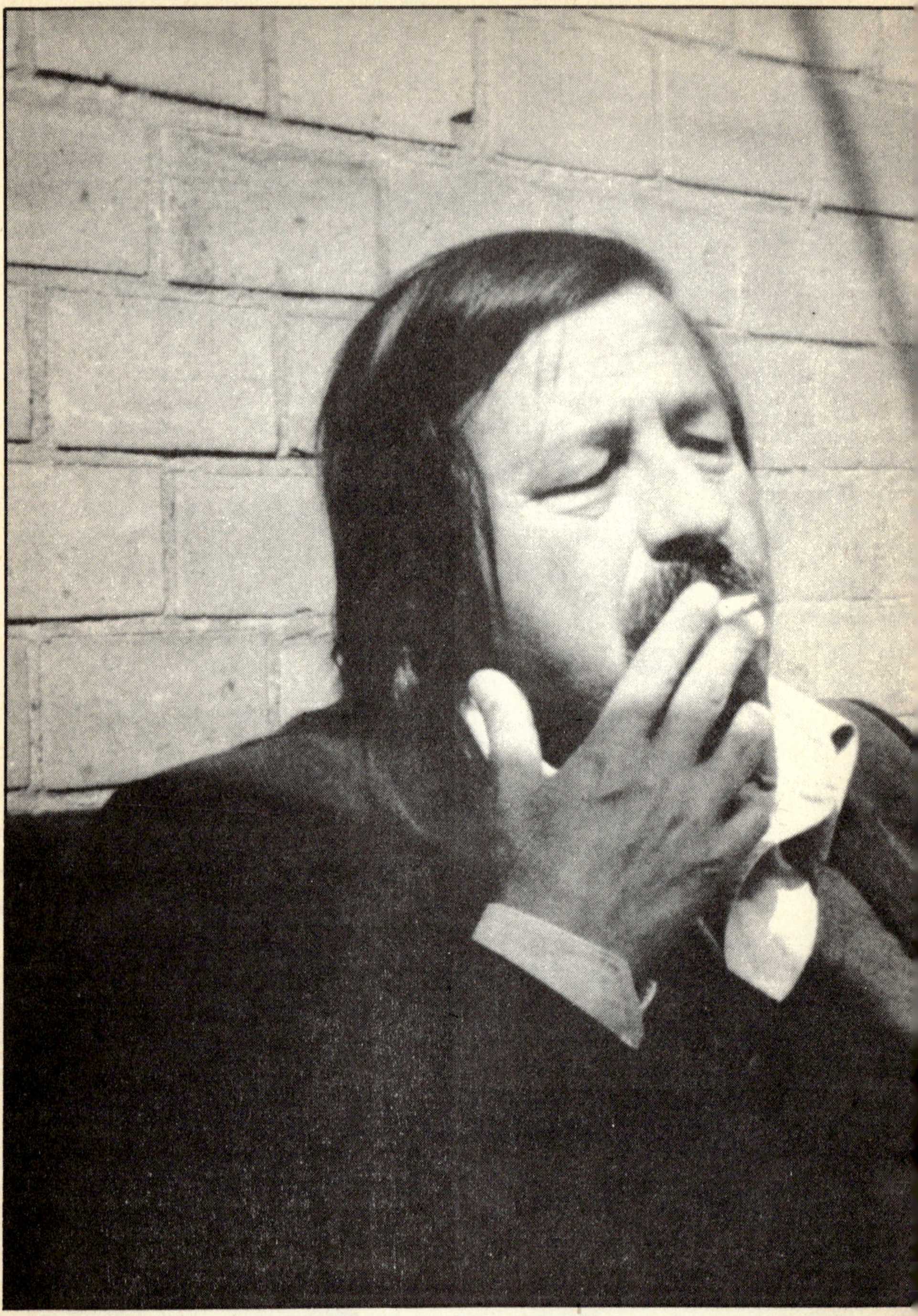

Günter Grass

„Von morgens bis abends mit dem deutschen pädagogischen Wahn konfrontiert“

Natürlich geht es in diesem Gespräch mit Günter Grass nicht nur um die Rolle von Literatur im Schulunterricht. Zwangsläufig ergeben sich Fragestellungen, die über das Schulfach Deutsch, über die Frage des Schulsystems und der Lehrerausbildung hinausgehen und allgemeine gesellschaftliche und politische Problemfelder tangieren. Dabei kann das Engagement von Günter Grass für die SPD nicht ausgeklammert werden.

b:e: Wie schätzen Sie die Rolle zeitgenössischer Literatur in der Schule ein? Haben Sie Kenntnisse aus eigener Anschauung von dem, was unter dem Stichwort Literatur in der Schule geschieht?

Grass: Vorausschicken muß ich, daß ich fünf Kinder in die Welt gesetzt habe. Die vier aus erster Ehe – von denen haben drei die Schule hinter sich, der jüngste geht noch zur Schule. Meine jüngste Tochter Helene, fängt jetzt mit der Schule an. Meine zweite Frau hat zwei Kinder in die Ehe mitgebracht, die auch noch zur Schule gehen. Ich bin also von morgens bis abends mit dem deutschen pädagogischen Wahn konfrontiert, mit all den Schwierigkeiten und all den rechten Rückschlägen und linken Vorstellungen und mit all dem, was das bei Kindern anrichtet – und dann natürlich auch bei den Eltern anrichtet. Dadurch bin ich seit Jahren mit dieser Problematik konfrontiert.

Literatur in deutschen Schulen ist – solange ich zurückdenken kann, bis in meine relativ kurze Schulzeit (ich bin nur bis zum Alter von 15 Jahren zur Schule gegangen) – eigentlich immer ein Alptraum gewesen. Früher war das alles von rechts gefüttert, dann kam die Phase von links, aber in den Grundverhaltensweisen hat sich leider nichts geändert: es herrscht vor die Interpretationssucht. Literarische Texte werden nicht an den Schüler herangebracht, um bei ihm die Lust am Lesen auszulösen, um ihm die Chance zu geben – und sei es mit den verschiedensten Gedanken – sich mit einem Text zu identifizieren, sich selbst zu erleben, sondern um ihn auf eine schlüssige Interpretation hinzuführen. Das tötet die Literatur ab. Literatur ist trotz der deutschen Schule lebensfähig geblieben, aber dies tötet in einem sehr frühen Alter die Lust am Lesen ab. Literatur hat mit Kunst zu tun, es ist eine Kunstform, und in erster Linie ästhetischen Gesetzen verpflichtet. Dieses Produkt der Kunst lebt davon, daß es vieldeutig ist, doppelbödig ist und eine Menge von Interpretationen zulassen kann. Es muß erst einmal respektiert werden, daß der, der auf ein Bild, auf ein Buch reagiert, etwas für ihn wichtiges erlebt. Dies ist erst einmal richtig, auch wenn es sich nicht mit der Interpretation des Lehrers deckt. Und nun kommt das in die Schulmühle hinein, es wird Interpretation gefordert – ob es sich um einen Gedichttext, um die „Braut von Messina“, oder Wallraff oder was auch immer, handelt: Es wird Interpretation abverlangt. Es ist im Grunde natürlich eine Aufforderung zum Opportunismus, weil die Schüler unter Leistungsdruck versuchen herauszuhören, welche Interpretation ist denn die des Lehrers – um sich der dann anzupassen.

b:e: Auch wenn gilt, was Sie sagen, könnte man sich doch auch ein anderes Modell vorstellen: Schule ist bei uns weitgehend vom gesellschaftlichen Leben getrennt. Literatur könnte ein Stück gesellschaftlicher Realität in die Schule hineintransportieren.

Grass: Bis in die 50er und in die 60er Jahre hinein, sicher in einigen Regionen der Bundesrepublik heute noch, wurden und werden die Schüler damit angeödet, daß sie den ganzen Winter über „Kabale und Liebe" oder „Hermann und Dorothea" durchkauen. Dann kam der Pendelschlag Ende der 60er, Anfang der 70er Jahre: Trivialliteratur, Sekundärliteratur. Meine beiden ältesten Söhne haben sich dabei genauso gelangweilt wie die Generation davor mit der „Braut von Messina" oder mit „Hermann und Dorothea", indem sie FAZ-Kommentare, Leitartikel oder Bildzeitungsstil oder so etwas analysiert haben. Dies ist nach deutscher Art und Unart der Pendelschlag von der einen Richtung in die andere Richtung. Mit Literatur hat das im Grunde eigentlich sehr wenig zu tun. Dies war notwendig als Ergänzung, daß man zu den literarischen Texten etwas erfährt, unter welchen Bedingungen sind die geschrieben worden, was ist der „Hessische Landbote" im Verhältnis zu Dantons Tod und so weiter. Es war sicher richtig, wenn man dort den klassischen Geschichtslehrer und den klassischen Deutschlehrer zusammengebracht hätte und versucht hätte, übergreifend Literatur aus der Zeit heraus zu verstehen. Aber die Isolierung vom literarischen Text, die ich dann miterlebt habe, führte dazu, daß Literatur eigentlich nur noch Vorwand war, gesellschaftlich Relevantes abzuleiten.

Das, was mich so ärgerlich, ja nahezu wütend macht, ist diese gleichbleibende Haltung des Famulus Wagner aus dem „Faust", den Goethe ironisch gesetzt hat, Bildungsphilistertum karikierend (was man schwarz auf weiß besitzt, darf man getrost nach Hause tragen). Das haben wir jahrzehntelang von rechts erlebt, jetzt erleben wir es von links. Es ist eine puritanische Einstellung am Nutzen orientiert: wieviel Liter Milch bringt die Kuh. Auf das Buch, auf die Literatur bezogen, bringt das natürlich gar nichts. Es bringt nicht das, was Kunst bringen kann: Es bringt eine andere, eine erweiterte Lebenserfahrung, etwas, was sich aus anderen Texten nicht herauserleben läßt, weder aus dokumentarischen, noch aus soziologischen oder aus sonstwie fachlichen Texten. Literatur bringt andere Dimensionen und zwar genau die Dimensionen, die im politischen Verständnis unserer Zeit immer zu kurz kommen.

b:e: Noch einmal von Büchner zu Grass oder zu Böll, oder zu wem auch immer: Spielt zeitgenössische Literatur in der Schule eine stärkere Rolle als zu Ihrer Schulzeit?

Grass: Viel weniger. Das klingt sehr konservativ und ist auch so gemeint: Natürlich haben wir uns darüber geärgert, wenn wir die „Glocke“ auswendig lernen mußten. Aber ich kann noch ein paar Gedichte auswendig. Ich fände es schon ganz gut, wenn die jetzt aufwachsende Generation ein, zwei Gedichte von Ingeborg Bachmann, ein paar Gedichte von Brecht, ein Gedicht von Paul Zelan auswendig sagen könnte. Ich halte das für eine Bereicherung, für etwas, das man nicht ins Bruttosozialprodukt übersetzen kann. Aber davon haben wir ja ohnehin genug. Diese Dinge gibt es nicht mehr. Das kann ich an meinen Kindern nicht beobachten. Sie gucken manchmal, wenn meine Generation – was wir ja gerne tun – ein Fest feiert und wir sind noch in der Lage, ein Lied mehrstrophig zu singen. Da erlebe ich einen neidvollen Blick: einiges möchte ich auch können, das ist ja toll. Das ist nicht mehr da, das ist wegrationalisiert worden. Dieser schöne, sinnlose Bereich, den die Kunst und damit auch der Deutschunterricht, vermitteln könnte, das passiert nicht mehr oder unzureichend. Mein jüngster Sohn, der jetzt 15 ist, hat kürzlich mit einem Lehrer, der das den Schülern zugemutet hat, „Wilhelm Tell“ gelesen. Da gab es erst einmal ein Gemaule. Dann habe ich mich mit ihm darüber unterhalten, auch über den geschichtlichen Hintergrund, dann über die erste Szene: wie es dort dem Schiller gelingt, in einer Exposition – was sehr revolutionär war für diese Zeit, zum Teil auch Shakespeare abgeguckt war, aber aufgenommen wurde, zum Beispiel die Natur, das Wetter in das Drama mit hineinzunehmen. Es zieht ein Gewitter auf, es ist etwas Bedrohliches passiert und mit dem bedrohlichen Wetter kommt der Flüchtling. Wenn das Lehrer zu vermitteln verstehen und sich darauf noch einlassen, vermitteln sie mehr als bloß einen klassisch genannten Text.

b:e: Welche Erfahrungen machen Sie mit Lehrern?

Grass: Mein größter Vorwurf ist der, daß die Lehrer nicht lesen. Sie lesen kaum noch und sie lesen allenfalls, um sich sachlich, fachlich mit Info’s und mit sonstigen Dingen, up do date zu halten. Wie viele Deutschlehrer gibt es in der Bundesrepublik?

b:e: Ich würde ungefähr 80000 schätzen.

Grass: 80000 Deutschlehrer in einer Zeit, in der die gegenwärtige deutschsprachige Literatur seit 30 Jahren in Hochblüte steht, sich sehen lassen kann. Aber Romane von jungen Autoren oder Gedichtbände, die eine gute Kritik bekommen, ich rede jetzt von wirklich interessanten Büchern, erfahren im Glücksfall eine Auflage von 3000 Exemplaren. Dann ist der Verlag schon glücklich, dann hat er die Dekkungsauflage erreicht. Das ist doch ein Signal.

Daß da aber zum Beispiel etwas Aufregendes zwischen den beiden deutschen Literaturen passiert, geht an der Schule vorbei, es geht an den Lehrern vorbei, sie nehmen es nicht auf.

b:e: Haben Sie eine Begründung dafür anzubieten?

Grass: Die Konzentrationsschwäche, die wir bei den Schülern beklagen, ist gegeben bei den Lehrern. Sie sind nicht in der Lage, mit sich und einem Buch allein zu sein, es muß immer kommuniziert werden, mit irgend etwas, was natürlich ein Feind allen Lesens ist. Lesen ist ein kreativer, selbstgewählter einsamer, herrlicher Prozeß, durch nichts zu ersetzen. Es gibt kein Surrogat. Wir haben für alle möglichen Erscheinungsformen unseres Lebens scheußliche Surrogate gefunden und die funktionieren ja auch. Das Lesen ist uns nicht abzunehmen.

b:e: Warum ist dies Ihrer Meinung nach so?

Grass: Unsere Gesellschaft ist, ob sie sich links oder rechts orientiert, vulgärmaterialistisch. All unsere konservativen bis reaktionären Geschichten, aber auch die Gegenpositionen, die von links kommen, sind alle auf Zuwachs, Wohlstand, soziale Sicherung, zum Teil aus guten Gründen, konzentriert, so daß in diesem rein materialistischen Existenzverständnis für viele Dinge, die nicht auf Heller und Pfennig vom Nutzeffekt her zu belegen sind, deren Nutzen nicht sofort abzuleiten ist, kein Platz bleibt.

b:e: Von daher wäre auch den Lehrern kein Vorwurf zu machen, denn sie sind Bestandteil dieser Gesellschaft.

Grass: Das ist die billige Ausrede. Da bin ich also noch einmal ganz konservativ. Alles immer auf die Gesellschaft schieben, die „Opfer gesellschaftlicher Verhältnisse" Himmel Herrgott, das ist 'ne Ausrede, die sich langsam die Hacken abgelaufen haben sollte. Wir haben doch die Möglichkeit, uns zu entscheiden. Wann hat eine Gesellschaft jemals so viel Freizeit gehabt? Ich bin ein Anhänger des demokratischen Sozialismus und mir auch historisch dieses Prozesses bewußt. Das fing mit dem 12-Stunden-Tag, mit Kinderarbeit an. Was ist heute da an Freizeit? Dieses Unvermögen, mit dieser freigewordenen Zeit etwas anzufangen, fördert natürlich wieder den vulgär-materialistischen Sinn für eine neue Art von Industrie – die Freizeitindustrie, die Lückenfüller, die es dem Menschen ersparen – wovor sie offenbar schreckliche Angst haben – mal mit sich und ihren Wünschen und Sehnsüchten alleine zu sein.

b:e: Ist dies vielleicht die Angst davor,

für sich selbst die Sinnfrage zu stellen? Das Nachdenken über die eigene Existenz ist etwas Beunruhigendes. Und Literatur verleitet zum Nachdenken.

Grass: Sie provoziert es ja, aber sie unterhält auch, wenn sie gut ist. Das ist ja nicht nur die bohrende Frage in der Stillage eines Wortes zum Sonntag, die da auf uns zukommt.

b:e: Zensuren, auf die ja Lehrer Schüler pressen, wo dann eigentlich Kunst verloren gehen muß, sind ja auch wieder vulgär-materialistische Kategorien. Die Zensur hat ja Tauschwert in bezug auf die Stellung in der Gesellschaft. Dieser Konkurrenzkampf, von dem in den Schulen gesprochen wird, bestimmt Startpositionen bei beruflichen Chancen. Von daher bekommt es plötzlich diesen fatalen Tauschwert, so daß jetzt – ohne Lehrer und die Institution oder Gesellschaft hier in Schutz zu nehmen oder verantwortlich zu machen – Eltern solche Erwartungen an die Schule herantragen. Das haben Sie bestimmt auch erlebt.

Grass: Ja, gut aber der Lehrer kann doch auch listig sein, der kann das alles doch unterlaufen.

Ich bin ja viel auch in Gewerkschaftsveranstaltungen, ich kenne diese Klagen alle. Natürlich gibt es zum Beispiel in Schleswig-Holstein die Richtlinien; aber der Lehrer kann doch, wenn er will, wenn er listig ist, das unterlaufen, kann den verknöcherten Kerls in Kiel das liefern, was sie haben wollen und unter der Decke, im augenzwinkernden Einverständnis mit den Schülern, doch mal ein paar Sachen machen, die diese Generation ja auch will. Wenn ich Diktator wäre, würde ich als Hauptpflichtfach den kreativen Müßiggang einführen. Da könnte man zum Beispiel lernen mit sich und einem Buch allein zu sein. Das sind Dinge, die Voraussetzung sind; im Grunde müßten das die Lehrer erst einmal lernen, damit sie es auch vermitteln können. Daß sie es einmal fertig bringen, zehn Minuten zu schweigen und kein doppelköpfiges Schwein läuft durchs Klassenzimmer, nichts passiert, das mal aushalten.

b:e: Wie denken Sie über Schule nach? Sie haben wahrscheinlich nur leidvolle Erfahrungen mit Lehrern und mit Schulformen.

Grass: Zweiter Vorschlag eines Diktators.

Für zehn Jahre absolutes Verbot für eine Reihe von Wörtern: Kultusministerkonferenz, Curriculum, Lernziel, Schulen verschulen, Umschulen. Dieses ganze Wortfeld ist so sinnentleert und transportiert immer weniger, so daß von daher auch nichts Kreatives mehr entspringen kann. Ein Blick in andere Länder der zeigt, daß dort das Verhältnis zwischen Schüler und Lehrer entspannter ist als bei uns. Wie ist das möglich? Ich bin nach wie vor ein glühender Vertreter der Gesamtschule als Ganztagsschule – wenn sie vertreten wird in einem Deutsch, in dem sie denen, die es angeht, verständlich ist: nämlich den Schülern als Betroffene und auch den Eltern. Aber eine solche Schule müßte doch in der Lage sein, dieses klassische, teuflische Feindverhältnis zwischen Lehrer und Schüler nun einmal abzubauen. Das wäre doch auch eine der Voraussetzungen dafür, ich sehe jedoch wenig Anzeichen.

b:e: Je stärker aber der Konkurrenzdruck in die Schule wirkt, desto intensiver gerät der Lehrer in die Rolle dessen, der Lebenschancen verteilt. Diese Funktion macht im Grunde eine angstfreie Kommunikation zwischen Schülern und Lehrern kaputt.

Grass: Ist mir alles bekannt, wehleidig, wehleidig ... Ich kann nur darauf verweisen, daß wir noch nie solche Möglichkeiten gehabt haben und daß alle, die wehleidig ein Geschrei darüber anstimmen, mit dazu beitragen, diese Möglichkeiten zu verplanen, zu verringern, indem sie nicht genug Widerstand leisten, nicht listig genug sind, indem sie über den Raum, über den sie verfügen, nicht auf irgendeine Weise souverän verfügen.

b:e: Aber überlegen Sie sich doch jetzt einmal das Klima in der Schule: ein Lehrer versucht Freiräume zu nutzen. Er weiß genau, er hat in seiner Klasse Kinder drin, die von dem Hessischen Elternverein aufgefordert worden sind, über eventuelle politische Fehltritte des Lehrers Bericht zu erstatten ...

Grass: Das ist doch Leben, das ist doch lustig.

b:e: Nein, für den Lehrer überhaupt nicht.

Grass: Mein Gott, eine Gesellschaft reibt sich. Und in Deutschland nun sowieso mit all den Urteilen und Vorurteilen. Wenn man in diesen Beruf hineingeht, dann muß man doch von vornherein wissen, in welches Reibungsverhältnis man hinein will. Es gibt keine hundertprozentigen Lösungen. Das ist doch klar, wenn man anfängt, bestimmte Vorgänge, Entwicklungen – nicht nur von den Fakten her, von dem, was auswendig zu lernen wäre, – her deutlich zu machen, sondern auch nach Hintergründen fragt: Wie ist das eigentlich – so ein Roman, wie „Der Stechlin“, letzter Roman von Fontane, entstanden? Das war eine Sensation, ein Roman, in dem zum erstenmal demokratische Landarbeiter auftreten. Das ist ein Roman über eine Wahl. Fontane ist verrissen worden mit diesem herrlichen Buch, weil er etwas Kühnes gemacht hat. Er hat ein Buch, parallel zur Zeit, geschrieben. Das wäre doch interessant, setzt ein bißchen Arbeit voraus, ein paar Rezensionen ausgraben ist nicht so schwierig. Wie ist dieser Roman des

Stechlin aufgenommen worden? Wie wandelt sich das? Welche Beziehungen gibt es zu Thomas Manns „Buddenbrocks“? Da ist auch ein Streik. Da sieht man den preußischen Landadel und die sozialdemokratischen Landarbeiter. Dort ist es die Dekadenz eines Großbürgertums, des Patriziertums in Lübeck. Die Faktoreiarbeiter dort in den Betrieben machen einen Streik. Da gibt es dann Eltern, die finden das zu politisch, die reiben sich daran. Das finde ich gut, das finde ich lustig. Endlich passiert dann auch mal was in den Schulen, was die Eltern aufregt. Ich bin gegen diese Wehleidigkeit, das bringt kein Stück weiter.

b:e: Wobei man ja noch unterscheiden muß zwischen Wehleidigkeit und – sagen wir mal – Erfahrungen im Laufe der Jahre, was an Be-Argwöhnung von kritischen Positionen tatsächlich gelaufen ist.

Grass: Ich bin nun freiberuflich. Anlässe bieten sich, wenn ich mich politisch äußere. Wie kürzlich mit drei Kollegen, zwei aus der DDR und zwei aus der BRD. Wir schreiben einen Brief an den Kanzler, weil wir glauben Grund zu haben, da zu mahnen, gerade aus deutscher Sicht den Frieden zu erhalten. Da kommen die Drohbriefe, da wird mir in Schleswig-Holstein mutwillig ein Baum, den ich gerade gepflanzt habe, rausgerissen oder abgebrochen. Da passieren solche Sachen. Soll ich mich darüber wundern? Ich weiß doch, in welche Gesellschaft hinein ich das sage.

b:e: Ein junger Lehrer, der von der Hochschule kommt und vernünftige politische Ideen im Kopf hat, begibt sich dann, wenn er diese politisch frei äußert in der Schule, in die Nähe von dem Feld, was mit Berufsverbot zu beschreiben wäre. Der überlegt es sich doch dreimal, ob er den Mund aufmacht oder nicht.

Grass: Was ich hier gesagt habe über den Stechlin oder über Thomas Manns Buddenbrocks: das sind revolutionäre Einsichten, nur müssen die Lehrer das mal zur Kenntnis nehmen, daß es so etwas gegeben hat in der deutschen Literatur und daß das, was das Umfeld der Literatur ist, auch vermittelt werden kann auf spannende Art und Weise.

b:e: Wenn ein Lehrer auf die abenteuerliche Idee kommt, mit Sympathie ein Buch wie „Die verlorene Ehre der Katharina Blum“ im Unterricht zu behandeln: der müßte gut vorbereitet sein und andauernd vorwegschieben, daß er sich damit nicht identifiziert.

Grass: ... wenn er die „Räuber“ von Schiller durchnimmt, mit wem identifiziert er sich denn da?

b:e: Schiller ist tot und Klassiker, Böll lebt und hat ...

Grass: Dann soll er beides gleichzeitig machen, das ist doch eine Möglichkeit.

Man kann sich kritisch mit beiden Texten auseinandersetzen. Beim jungen Schiller, wie beim späten Böll gibt es Momente der Kolportage, die nicht zu den Stärken des einen oder anderen Textes gehören, dennoch sind sie wichtig, haben einen Korrespondenz miteinander.

b:e: Sie haben sich nach einer gewissen Abstinenz öffentlich wieder für die SPD eingesetzt.

Grass: Also erst einmal – mit Abstinenz hat das überhaupt nichts zu tun. Ich habe parallel zu anstrengenden, anhaltenden Jahren, in denen ich sehr stark politisch engagiert war in den Wahlkämpfen, zwischen den Wahlkämpfen, ein Buch geschrieben – wie das „Tagebuch einer Schnecke". Dann habe ich 1972 mit den Vorarbeiten zum „Butt" angefangen und da ich ein langsamer, beharrlicher Arbeiter bin, habe ich fünf Jahre gebraucht für dieses Buch. Danach habe ich „Telgte" geschrieben und jetzt sind „Die Kopfgeburten – oder die Deutschen sterben aus" fertig. Das ist wieder ein Buch, das eine Stillage fortsetzt, die ich im „Tagebuch einer Schnecke" begonnen habe. Telgte war ein Blick von heute ins 17. Jahrhundert und vom 17. Jahrhundert in unsere Zeit hinein, die „Kopfgeburten" spielen eigentlich im Wahljahr '80 und haben ein Lehrerpaar zu Hauptfiguren.

b:e: Wieso gerade Lehrer?

Grass: Bei mir kommen immer Lehrer vor, ich habe eine Haßliebe zu Lehrern. Wahrscheinlich liegt es daran, daß es ein Irrtum gewesen war, mit „Katz und Maus" seien meine Schulerfahrungen abgefeiert. Das geht weiter. Es kommt sicher auch dadurch, daß meine Kinder mir diese Schule immer wieder ins Haus rein schleppen – mit all' diesen Neuängsten und Neunöten. Ich muß mich gar nicht groß verrenken. Natürlich war es leichter mit Leuten wie Gustav Heinemann, Willy Brandt in direktem Kontakt als Schriftsteller zu korrespondieren. Und wie vielen, fiel es mir schwer, diesem sachlichen, faktenbesessenen Realpolitiker Helmut Schmidt gegenüber mehr als eine gewisse Hochachtung vor seinem Fachwissen, vor seiner Tüchtigkeit zu bezeugen. Das hat sich bei mir zu meiner eigenen Überraschung zu Beginn dieses Jahres (d.i. 1980 – d. R.) verändert. Dieser Mann, den wir, wie ich meine zu Unrecht – ich schließe mich da mit ein –, in die Ecke des Machers, des bloßen Pragmatikers geschoben haben, ist mit wachsender außenpolitischer Krisensituationen zu einem bedeutenden Außenpolitiker geworden. In einer Zeit, in der unser Großverbündeter auf der einen Seite, die Sowjetunion auf der anderen Seite drohen, die Nerven zu verlieren, in einen schrecklichen und womöglich in einen folgenreichen Prestigeschlagabtausch hineinzugeraten, hat er mit anderen europäischen Politikern Ruhe bewahrt, Augenmaß bewiesen. Er hat uns gezeigt, auch uns Vieren, die wir den Brief geschrieben haben, wie abhängig die Bundesrepublik, die Reiche, die Selbstherrliche, nach wie vor ist den Vereinigten Staaten gegenüber. Wir haben immer nur gesagt, die DDR sei so abhängig und auf einmal merken wir, daß wir in bestimmten Situationen nicht wie ein Verbündeter, sondern auch wie ein Satellit behandelt werden können. Helmut Schmidt hat das deutlich gemacht, hat auch gezeigt, daß man bei bestimmten Dingen – leider – nachgeben muß. Davor habe ich Respekt. Wenn ich sehe, daß wir in diesem Jahr die Möglichkeit haben können, noch mit der Stimme durch Wahl zu entscheiden, wer uns in diese krisenbedrohten und mittlerweile schon krisengeschüttelten 80er Jahre hineinleitet mit verantwortlicher Kompetenz: da versuche ich natürlich, meinen Beitrag zu leisten und mische mich in den Wahlkampf.

b:e: Wenn ich Sie recht verstanden habe: die Entscheidung für Schmidt und auch für die SPD, ist eine außenpolitische ...

Grass: ... weiter, ich will doch, daß diese Dinge, die mittlerweile eingeschlagen sind und worüber wir vorhin gesprochen haben, weitergehen. Das soll doch nicht nur ein Fünfminutenbrenner sein, der Kampf um die Gesamtschule. Das soll doch mal im Verlauf der 80er und 90er Jahre zu etwas werden, wovon eine nachwachsende junge Generation profitiert. Natürlich fällt mir auf, daß es für Lehrer an Gesamtschulen keine berufsspezifische Berufsausbildung gibt. Die kommen unvorbereitet in diese Schule hinein, was mit zu den Schwierigkeiten dieser Schulen beiträgt. Das sind keine weltumschmeißenden Reformen, sondern noch mögliche, noch notwendige und noch zu realisierende Formen – Reformen – und dafür braucht man Mehrheit.

b:e: Was sagen Sie Leuten, die Sie nach dem Radikalenerlaß fragen? Nach der Computerisierung des alltäglichen Lebens?

Grass: Ich habe mich dazu oft genug geäußert, der muß weg, aber ich will keine falschen Hoffnungen verbreiten. Der Ministerpräsidentenbeschluß, später Radikalenerlaß genannt, hat ja eine Bürokratie geschaffen. Man kann dann zwar, was ja geschehen ist in einigen sozialliberal regierten Ländern, das entweder ersatzlos streichen oder zu milderen Formen kommen, aber die Bürokratie ist da. Aber immerhin, verantwortet hat das und dazu gestanden Willy Brandt. Das passiert ja auch selten, daß ein Politiker offen zugibt, einen Fehler gemacht zu haben. ●

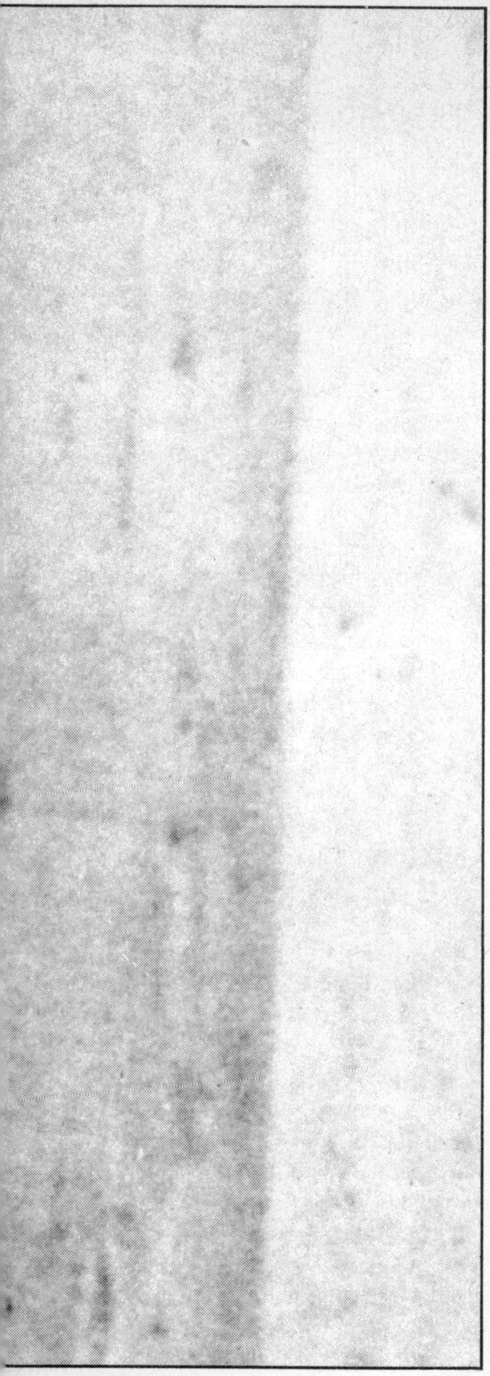

Peter Härtling

„Warum muß man Gedichte zu Prüfsteinen machen, wenn man sie auch lesen kann?“

Schriftsteller und Schule – ein Thema für mehr oder weniger heitere Anthologien, das auf diesem Wege Eingang gefunden hat in eben jenen Schulunterricht, der in den einschlägigen Texten von Thomas Mann, Brecht oder Böll so vernichtend kritisiert wird. Ein merkwürdiger Kreislauf. Normalerweise ist es die Erinnerung an die eigene Schulzeit, die hinter diesen Texten steht. Sie lassen sich deshalb leicht als

Vergangenheit behandeln. Mancher ist immerhin als Vater mehrerer Kinder betroffen, von Schule und Unterricht. So sterben die Deutschen und auch die Lehrer nicht aus. Günter Grass hat diesbezüglich Erlebnisse und Erkenntnisse zum Thema Deutschunterricht mitgeteilt. Weit seltener können Schriftsteller von eigenen Erfahrungen mit dem Deutschunterricht berichten, wie das Peter Härtling tut. Vor allem seit seiner Zeit als Stadtschreiber im Frankfurter Stadtteil Bergen-Enkheim, hat Härtling begonnen, sich in den schulischen Umgang mit seinen Büchern einzumischen. Sein Urteil über die Schule wird dadurch nicht weniger kritisch aber genauer. Einmischung und Engagement bei Peter Härtling. Der Schriftsteller wohnt in der Nähe des Frankfurter Flughafens, in Walldorf-Mörfelden. Diese Region ist von dem Ausbau der Startbahn 18 West besonders betroffen. Härtling, der auch im Kirchenvorstand mitarbeitet, hat sich in der Bürgerinitiative gegen den Ausbau einer zusätzlichen Startbahn des Rhein-Main-Flughafens engagiert.

b:e: Wir haben in Ihren Erinnerungen „Nachgetragene Liebe" gelesen, daß Sie einen Lehrer hatten, den Sie als „Rübezahl" und „gewaltigsten Heldenbeschwörer" bezeichnen, der die Tschechen „Kreaturen" nannte und die Schlacht um Stalingrad „den Schlußpunkt des Kampfes gegen den Bolschewismus". War der Mann Deutschlehrer?

Härtling: Der war Deutschlehrer. Der war ein beförderter Grundschullehrer. Zwischen 1941 und 1945 waren die Junglehrer ja weg. Die waren Soldaten und da traten alte Lehrer auf, sehr häufig schon pensionierte, die wieder in die Schulen gerufen wurden. Ich habe von anderen gehört, daß sie gerade unter den alten Lehrern Leute gefunden hatten, die Antinazis waren. Solche habe ich nicht kennengelernt. Es waren meistens Lehrer, die ihre Langemarckgesinnung in die Nazizeit hineingetragen hatten. Übernazis.

b:e: Nun läßt sich ja nicht bestreiten, daß das Bild der Schule und das Bild der Lehrer in der deutschen Literatur nicht erst seit Ihrem Buch einigermaßen verheerend ist. Woran liegt das?

Härtling: Nach dem Krieg, als ich in Nürtingen auf das Gymnasium ging, gab es Lehrer, die Nazis geblieben waren. Ich habe übrigens eines solchen Lehrers wegen in der Unterprima die Schule verlassen. Diese Lehrer hatten vor allem als Deutschlehrer ein frappierendes Bild des deutschen Menschen, unmittelbar noch aus dem Wilhelminismus.

Daß es immer wieder in Autobiographien von Schriftstellern Lehrer dieser Art und Sorte gibt, hat wahrscheinlich damit zu tun, daß die Autoren als junge Menschen etwas ungebärdiger und aggressiver oder prüfender waren, als andere. Aber man kann es nicht verallgemeinern. Diese Autoren urteilen ja meistens über ihre Deutschlehrer oder über die Lehrer, bei denen sie Sprache lernten. Da ist es schon möglich, daß sehr viele früh angefangen haben, selber zu schreiben und zwar aus einer anderen Erinnerung, in einer anderen Stilhaltung, Denkhaltung. Da sind sie natürlich oft mit den Lehrern aneinandergerasselt. Es kommt hinzu, daß die Lehrer sehr häufig konventionelle Literatur weitergeben, während diese jungen, neugierigen Autoren sich für diese Art von Literatur gar nicht interessieren, sondern für die Literatur, die ihnen ganz nahe, die zeitgenössisch ist, die nach vorn zeigt. Da gibt es eine Diskrepanz, die im übrigen auch heute noch zwischen Schülern und Lehrern vorhanden sein kann. Das liegt auch an den Lehrplänen, das liegt an der Unbeweglichkeit von Lehrern, es liegt auch daran, daß manche Deutschlehrer viel weniger lesen als ihre Schüler annehmen.

b:e: Ist das wirklich so? Man hört das ja auch von Grass. Ist das nicht nur ein Vorurteil?

Härtling: Ich habe da zwei Erfahrungen gemacht. Eine Erfahrung ist die mit Grund- und Hauptschullehrern. Diese Lehrer lesen meines Erachtens sehr häufig, sehr entschieden, um ihren schwierigen Schülern auch Literatur wirklich zu vermitteln. Meine Korrespondenz über meine Bücher und auch andere Literatur geht vor allem eigentlich mit Grund- und Hauptschullehrern. Bei den Gymnasiallehrern beginnt die Entfernung von der Literatur, meine ich, schon in der Uni. Ich hatte in Wuppertal an der Uni eine Gastprofessur, machte ein Seminar. Das war schon drollig. Ich wollte das Seminar über das Thema „Probleme der Fiktion, Probleme der Erfindung" halten, mit den realen Hintergründen. Ich hatte als ein wichtiges Beispiel die „Effi Briest" von Theodor Fontane. Da steckt ja eine reale Geschichte dahinter, die Geschichte der Freifrau von Ardenne, und bat in der ersten Sitzung, man möge die „Effi Briest" lesen. Als ich nach zwei Wochen wiederkam zur zweiten Sitzung, stellte sich heraus, daß unter den 20 Studenten, nur eine einzige, im übrigen eine Französin, dies gelesen hat.

Jetzt kommt eigentlich das Bezeichnende: Einer der Studenten fragte, ob es ein Materialienbuch zu „Effi Briest" gäbe. Da sagte ich: Ja, bei Reclam gibt es so ein Heft. Unverzüglich fragten sie nach der Heft-Nummer. Ich nannte sie. In der nächsten Sitzung hatte alle – ausnahmslos – das Materialienheft, aber höchstens zwei oder drei die „Effi Briest" gelesen.

Dieses Kleben an Sekundärliteratur, auch die Meinung, daß man sozusagen auf dem zweiten Weg, der doch ein Umweg ist, an die Primärliteratur rankommt, gehört für mich zu den Entstellungen auch des Germanistikstudiums.

b:e: Das ist auch eine Erfahrung, die wir in der Schule machen: Leselust kann man kaum voraussetzen. Aber man kann ja auch den Vorwurf umdrehen: Kümmern sich die Literaten nicht ziemlich wenig um die Schule? Man könnte sich ja auch vorstellen, daß es Bemühungen gäbe, die Literatur nicht trockenen Didaktikern zu überlassen.

Härtling: Den Literaten kann man, wenigstens in den letzten Jahren, diesen Vorwurf kaum mehr machen. Viele Schriftsteller lesen in Schulen. Ich habe das mal zusammengezählt. Das war vor zwei Jahren. Da war ich, glaube ich, zwischen 90- imd 110mal in einer Schule. Bei mir ist es eine gewisse Leidenschaft und auch eine Zuneigung. Man kann nicht mehr sagen, daß der Abstand zwischen Literatur und Schule noch so groß sei. Diese Grenze, glaube ich, haben wir ein bißchen aufgehoben. Die Grenze liegt für meine Begriffe noch immer bei dem elitärtheoretischen Literaturbegriff mancher Gymnasiallehrer, nicht Grund- und Hauptschullehrer.

b:e: Wenn Sie in der Schule sind, gehen Sie da in den Unterricht oder lesen Sie in besonderen Veranstaltungen?

Härtling: Das läuft unterschiedlich ab. In Bergen-Enkheim, als ich dort Stadtschreiber war, fühlte ich mich wirklich integriert. Ich hatte den Deutschlehrern an den drei Schulen des Ortes angeboten, mit mir zusammen zu überlegen, was man machen kann. Manche Lehrer bezogen das, was ich vorhatte, wirklich in ein Lehrprojekt ein. Wenn ich beispielsweise aus dem „Hölderlin" las, nahmen sie die Geschichte des 18. Jahrhunderts durch, zum Beispiel die französische Revolution. Das hatte dann Sinn. Andere Lehrer ließ das ziemlich gleichgültig. Die setzten mich dann sozusagen als „Feieronkel" ein und konnten Pause machen, ein oder zwei Stunden.

b:e: Auf welche Voraussetzungen treffen Sie bei Ihrer Arbeit im Unterricht?

Härtling: Ich sage jetzt etwas, was mich selber ärgert, weil das die konservative Pädagogik eigentlich bestätigt. Es ist in jeder Klasse deutlich spürbar, was der Lehrer mitbringt an Persönlichkeit, an Zuneigung. Daß vor allem in der Grundschule, auch in der Hauptschule, selbst noch auf der Förderstufe der Klassenlehrer die zentrale Figur ist, die prägende Figur. Ich kann von vornherein feststellen, wenn ich in einer Grund- oder Hauptschule von Klasse zu Klasse gehe – in Bergen-Enkheim, da konnte ich es wirklich ablesen wie eine Partitur – ob der

Lehrer selber interessiert ist am Unterricht oder nicht, ob der interessiert ist an den Menschen, die ihm gegenübersitzen, oder nicht.

b:e: Nun spielen bei der Auswahl der Unterrichtsinhalte ja auch formale Dinge eine große Rolle. Ist es Ihnen wichtig, daß Schüler wissen, was, sagen wir mal, eine Metapher ist oder eine Allegorie oder was für Reimformen es gibt?

Härtling: Das ist mir nicht wichtig. Da sause ich auch manchmal richtig in Schülerfallen rein, aber ich habe mich daran gewöhnt.

Wenn Sie vor allem an Gymnasien in der Ober- und Mittelstufe auftreten als Schriftsteller, kommt fast unweigerlich die Frage: Mögen Sie Interpretationen? Unweigerlich antworte ich: Nein, ich mag lesen.

Warum muß man Gedichte zu Prüfsteinen machen, wenn man sie auch nur miteinander lesen kann.

Es zeigt sich, daß ganz streng und eng geführte Interpretationswege, die den Schülern beigebracht werden, tödlich sein können, da sie nicht zum Lesen führen. Die Theorie oder die theoretische Vorstellung des Lehrers legt sich wie Mehltau auf das Gedicht und lähmt das Interesse. Ich fände es beispielsweise viel interessanter, wenn man Gedichte erst einmal nicht als theoretisch aufgliederbare Gebilde, sondern sie in einen Zusammenhang stellte. Sagen wir, wir nehmen ein Liebesgedicht von Ingeborg Bachmann durch. Da würde ich vier/fünf andere Liebesgedichte aus vier/fünf Epochen dazustellen. Eines zum Beispiel von der Marianne von Willemer, da könnte ich zugleich die tolle, spannende Geschichte erzählen, daß diese Frau Gedichte geschrieben hat, die Goethe in den „West-östlichen Divan“ aufgenommen hat und kein Mensch wußte lange Zeit, daß sie diese großen Gedichte geschrieben hat. Dann würde ich ein ganz, ganz schwieriges von Friedrich Hölderlin nehmen und dann ein Volkslied. So könnte ich Formen erklären, könnte ich Epochen erzählen und am Schluß könnte ich noch sagen: Hier sind verschiedene Bilder. Diese Bilder sind Metaphern. Diese Metaphern wachsen aus unterschiedlichen Denk- und Sehvorstellungen. Der Mensch hat im 18. Jahrhundert zum Beispiel Wärme anders gefühlt als im 20. Jahrhundert, weil er keine Zentralheizung hatte. Also ist der Begriff Feuer für jemanden im 18. Jahrhundert ein anderer als für uns. Solche Sachen sind unglaublich einfach, wenn man ein bißchen Phantasie entwickelt.

b:e: Aber ist das nicht auch Interpretation?

Härtling: Es ist Interpretation, aber auf einem anderen Weg. Ich meine, die Dichtung entsteht aus Realität, auch aus einer Lebensrealität heraus. Die

Schule hat immer versäumt, diese Lebensrealität, meinetwegen auch das Biographische, aufzunehmen in den Unterricht. Sie ging immer ungemein puristisch mit Dichtung um. Ich möchte die Schmutzflecken um ein Gedicht herum gerne auch mitvermitteln, weil sie ein Stückchen mehr Leben bedeuten.

Die Lust am Text zu wecken, das wird versäumt. Es wird gesagt: Hier, das habt ihr jetzt, und jetzt machen wir das, anstatt dorthin zu führen: Ich habe da was mitgebracht, das hat im Grunde schon eine tolle Geschichte, die muß ich erstmal erzählen.

Wenn man das schon dahinter weiß oder das Umfeld etwas genauer kennt, da sind 17-, 18-, 19jährige genauso neugierig und zu faszinieren wie 10- oder 11jährige. Der Text ist etwas näher und wärmer, wird angewärmt.

b:e: ... und dann kommen Sie mit Ihrem angewärmten Text in die dritte Stunde am Dienstag. Und die Schüler haben vorher Biologie und Mathematik gehabt und haben es nun plötzlich mit einem Liebesgedicht aus alter Zeit zu tun. Man erwartet, daß die Schüler darauf anspringen, weil man sich gut vorbereitet hat. Aber die Schüler springen nicht darauf an, denn in Mathematik steht eine Arbeit an, in Englisch hat die Hälfte keine Hausaufgaben.

Härtling: Darauf kann ich überhaupt nichts antworten, wirklich nichts antworten, weil ich das selber jedesmal, wenn ich an einer Schule bin, fast körperlich spüre und auch die Erschöpfungen so deutlich sind.

Ich weiß nicht, was man da machen kann. Natürlich gibt es Schulformen, die das ohnedies schon anders machen. Ich denke an die Waldorfschulen.

Man müßte noch einmal von vorn beginnen und sich überlegen, ob man nicht epochal arbeiten kann. Man könnte schon in der Grundschule, da wäre es wirklich nicht schwierig, den Deutsch-Montag einführen, allerdings mit einer größeren Pause als die Kinder jetzt haben, und daran noch ein handwerkliches Fach hängen. Dann Mathe-Dienstag und Gemeinschaftskunde-Mittwoch. Und so könnte man das umwälzen. Es wäre für die Kinder, da sie ja ohnehin erst einmal lernen müssen, in Zusammenhängen zu denken und es ihnen enorm schwerfällt, viel viel leichter. Man könnte diesen Deutschunterricht dann viel besser gliedern, spannender machen.

Wenn ich mir den Stundenplan meines Ältesten ansehe, er ist siebzehn, dann frage ich mich jedesmal: Wie schaffen die Schüler das? Wenn die dann noch acht Stunden haben, kann man die letzten beiden Stunden in den Wind schreiben. Aber man schreibt sie nicht in den Wind, sondern man schreibt sie in die Zeugnisse. ●

Stefan Heym

„...sie sind zum Lesen bei uns erzogen, was etwas Gutes ist“

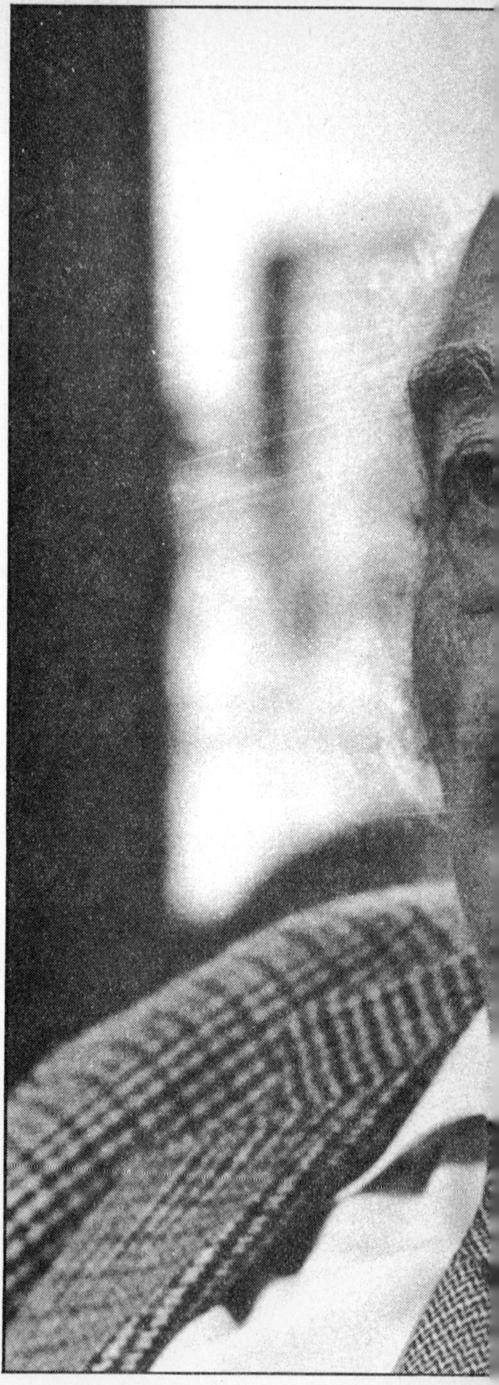

Vor Monaten war noch einmal als Wiederholung der „Collin“ von Stefan Heym im Fernsehen zu sehen. Curd Jürgens spielte den Schriftsteller im Konflikt mit der sozialistischen Staatsmacht: ein Stück Heym-Biographie als Roman? Heym lebt nicht ohne Probleme in der DDR, aber er lebt dort; dies ist sein Land. Er hat es sich – als amerikanischer Staatsbürger – 1945 sehr sorgsam ausgesucht.

b:e: Ich habe in Ihrem Buch „Wege und Umwege" gelesen. Da fehlt eine Phase, nämlich die, die erklärt, warum Sie 1935 in Amerika waren.

Heym: Ich glaube nicht, daß das fehlt.

b:e: Sie sind auf einmal in den Vereinigten Staaten ...

Heym: Ich bin nach Amerika gegangen, weil ich dort 1935 an der Universität Chicago ein Studienstipendium bekam. Ich war bis 1935 in Prag in der Emigration und fuhr, dann versehen mit einem Studentenvisum, mit der Bahn über Österreich, über die Schweiz nach Paris, deutschen Boden vermeidend, fuhr mit dem Dampfer nach New York und ging dann nach Chicago an die Universität. So kam ich nach Amerika. Später wurde dann mit einigen Tricks dieses Studentenvisum in ein Einwanderungsvisum umgestellt. Ich sah dann dort, daß es nicht so rasch zu Ende geht mit der Hitlerei und daß ich mich darauf einrichten mußte, in Amerika zu bleiben. Später, als ich in die Armee eingezogen wurde, wurde ich amerikanischer Bürger.

b:e: Sie sind in Deutschland aufgewachsen. Das ist Ihre Muttersprache.

Heym: Muttersprache ist Deutsch, das ist richtig. Die englische Sprache, in der ich dann geschrieben habe – ich weiß nicht, wie man das nennen soll – ist eine Adoptivsprache, aber sie ist mir zu einer zweiten Muttersprache geworden.

b:e: Sie schreiben darüber ja bisweilen, Sie sind ja wohl deswegen auch einmal angegriffen worden.

Heym: Das ist kein Angriffspunkt, das ist ein Kompliment

b:e: Sind Sie sich bei bestimmten Formulierungen im Englischen so sicher?

Heym: Doch, doch. Ich habe gerade vor kurzem eine Rede konzipieren müssen in englischer Sprache für eine Konferenz, weil die Konferenzsprache Englisch war. Ich habe das mit großer Freude und mit großer Genugtuung getan, vor allen Dingen, da ich merkte, daß diese englische Sprache bei mir immer noch vorhanden war. Ich liebte es, in ihr zu schreiben.

b:e: Lesen Sie noch englischsprachige Literatur?

Heym: Täglich - Zeitung. Um auf dem laufenden zu bleiben mit der Entwicklung der englischen Sprache. Die englische Sprache entwickelt sich ja eigentlich viel mehr als die deutsche. Sie gewinnt einen viel größeren Wortschatz im Laufe der Zeit, aus dem Technischen, aus der Jazz-Musik, aus vielen Tätigkeiten und Aktivitäten des Volkes. Es kommen immer neue Worte in die Sprache. Auch aus den Sprachen der Minderheiten in Amerika und auch in England.

b:e: Sie haben geschrieben, Sie würden manchmal das Englische ganz gern benutzen, weil sie dadurch gezwungen seien, präziser zu formulieren.

Heym: Das ist richtig. Die Wortstellung im Englischen und die ganze Art des Stils zwingt zur Klarheit, während das Deutsche mit seinen vielen Verschachtelungen dazu neigt, die Dinge eher zu verhüllen und durch umständliche und immer abseitigere Qualifizierungen unklar zu machen.

b:e: Sie bewundern aber auch die Schachtelsätze von Thomas Mann, bei denen man den roten Faden suchen muß.

Heym: Ja, das tue ich auch. Es ist eine Kunst, solche Sätze zu schreiben. Ich habe mir manchmal auch den Spaß gemacht, solche langen Sätze zu machen – nicht ganz so wie Thomas Mann – aber auch, um zu versuchen, das trotzdem klar zu schreiben. Aber Sie kennen ja diese Geschichte von Mark Twain, der über die deutsche Sprache und den deutschen Satzbau schreibt: es ist wie mit einem Faden. Man taucht auf der amerikanischen Seite des Atlantik ins Meer, mit diesem Faden in der Hand, und kommt dann auf der europäischen Seite hoch mit dem Verbum, mit dem letzten Verbum. Sie kennen doch die schönen deutschen Sätze, wo dann vier verschiedene Verben hintereinander kommen, mit vier verschiedenen, ineinander verschachtelten Sätzen.

b:e: Bei Robert Neumann gibt es eine Parodie auf Thomas Mann's Art und Weise, Sätze zu bilden.

Heym: Da kann man natürlich sehr viel Parodien darüber machen, es eignet sich dazu.

b:e: Sie haben sehr lange journalistisch gearbeitet. Der Journalismus gehört zu Ihrer Biographie. Hängt diese Liebe zu präzisen, ja fast schon reportageartigen Formulierungen damit zusammen, daß Sie als Journalist, der englisch schreiben mußte, gearbeitet haben? Setzen Sie sich ab gegen Schriftsteller, die mit der Sprache sehr selbstverliebt umgehen?

Heym: Schauen Sie, das Leben hat mich in den Journalismus gezwungen. Schon 1933, als ich wegging aus Deutschland in die Emigration, habe ich in Prag für Zeitungen gearbeitet, allerdings meistens für den Kulturteil. Ich habe dann 1937 in Amerika, im reifen Alter von 24 Jahren, eine Wochenzeitung, deutschsprachig, auch mit einem englischen Teil, als Chefredakteur übernommen, wobei der Chefredakteur auch noch die Vereinsnachrichten schreiben mußte.

b:e: Das beschreiben Sie sehr konkret in „Wege und Umwege": Eine Anzeige, einspaltig, ein Zoll breit, daneben der politische Kommentar ...

Heym: Natürlich hat das auch dazu geführt, daß ich erstens die Überschriftensprache gelernt habe und dann auch, mich kurz, präzise auszudrücken und einen Journalismus zu schreiben, den man in der amerikanischen und englischen Presse benutzt, der anders ist als der deutsche. Die fangen ja an mit der Hauptsache. Das geht dann sozusagen schwanzartig weiter in die Details. Während der deutsche Journalismus in der Meldung, in dem Artikel selber eigentlich gar kein irgendwie geartetes System hat. Jetzt fängt man langsam an, die amerikanische Methode zu übernehmen, und es entwickelt sich so ein Bild-Zeitungsstil. Die schönste Überschrift, die ich gesehen habe (es war nicht die Bild-Zeitung): Hund frißt totes Frauchen. Das enthält sämtliche Informationen – in vier Worten. Eine sehr schöne Überschrift, ich habe den Mann, der das gemacht hat, beneidet.

Weil Sie Spaß an der literarischen Sprache sagen: da muß ich Ihnen aber doch mitteilen, daß ich das genauso habe wie jeder der Herren, die in der "E-Literatur", in der bundesdeutschen und auch der DDR-deutschen, tätig sind. Sie müssen nur mal meine Defoe-Novelle lesen, die ich im Defoe-Stil – englisch und auch deutsch – geschrieben habe. Oder lesen Sie den „Ahasver", da gibt es barockes Deutsch, modernes Bürokratendeutsch und lutherisches Bibeldeutsch – und das in einem Buch.

Ich arbeite schon mit der Sprache. Was bei dem Defoe so lustig war, daß ich da einen Brief von einem amerikanischen Professor aus Oklahoma bekam. Der Defoe ist ja erzählt durch einen Beamten, den ich erfunden habe. Der war der Sekretär des damligen Premierministers von England, und der Professor schrieb mir, ob ich ihm nicht das Original oder eine Fotokopie des Originals dieses Berichts schicken könnte, denn das sei doch außerordentlich wichtig.

b:e: Haben Sie Erinnerungen an Ihre Schulzeit, an Ihre Lehrer? Ich habe bei Ihnen eine Stelle entdeckt, die ich typisch finde, weil ich sehr oft bei Schriftstellern entdecke, daß abfällige oder kritische Bemerkungen über Lehrer auftauchen. Die Stelle aus dem Text über die „Aktuelle Kamera" des DDR-Fernsehens: „Mit ähnlicher Leidenschaftslosigkeit las uns Studienrat Müller II in der Quarta des Staatsgymnasiums zu Chemnitz aus Cäsars bekanntem Generalstabsbericht die Zeilen, beginnend mit ‚gallia omnia divisa est', vor. Und da ist, jetzt fällt es mir auf, auch bei diesem Sprecher der studienrätliche Ton, in dem unterschwellig die Warnung mitklingt, hört gefälligst zu, ich sag's Euch nur einmal." Ist das ein Stück Schulerinnerung, die da mitschwingt?

Heym: Ja. Obwohl es einen Mann Müller II nicht gegeben hat. Aber es gab mehrere, die so gesprochen haben und die auch diesen autoritären, warnenden Ton drauf hatten, den ich hier beschrieben habe, genau den Ton der

Sprecher von dem Fernsehen in der DDR. Das ist übrigens überprüfbar. Es gibt ja einen großen Teil in der Bundesrepublik, wo sie unseren DDR-Fernsehsender empfangen können. Lehrer in der BRD können sich überzeugen, was für Töne da erklingen. Sie können daraus lernen, wie sie sich in der Schule nicht verhalten sollen.

b:e: Ich fürchte, die Lehrer, die die Möglichkeit haben, das DDR-Fernsehen zu empfangen, werden eher die Sportsendungen einschalten, die dort häufiger und ausführlicher sind.

Heym: Das ist auch eine gute Sache. Wir legen ja Wert auf Sport.

b:e: Wenn Sie an Ihre Lehrer denken, an das Schulklima damals: Ist das für Sie eher eine unangenehme Erinnerung?

Heym: Es ist eine merkwürdige Sache, wenn ich auf die Schule in Chemnitz (was heute Karl-Marx-Stadt heißt) zurückkomme, auf das Staatsgymnasium, so gibt es da höchst konträre und widersprüchliche Berichte, denn ich kenne heute noch Leute, die auf dieselbe Schule gegangen sind, nur ein paar Jahre später als ich. Ich bin ja vor der Nazi-Zeit von dieser Schule geschaßt worden. Damals war das Lehrerkollegium in der Mehrheit reaktionär, wenn nicht gar nazistisch. Dann aber erfahre ich von Schülern, die in der Nazi-Zeit auf die Schule gingen, daß sich dort das Klima geändert hatte, daß es eine ganze Anzahl von Lehrern gab, die den Schülern gegenüber so unterrichtet haben, daß die gemerkt haben, da stak etwas ganz anderes dahinter. Das waren auf einmal demokratisch gesinnte Leute. Nun glaube ich nicht, daß das immer andere Lehrer waren, sondern ich möchte annehmen, daß einige dieser Lehrer erfahren haben, was der Nazismus eigentlich bedeutet, daß sogar der Schulrektor, den ich zwar als korrekten Beamten kennengelernt hatte, daß dieser Schulrektor das Zentrum der Opposition war ...

b:e: Der Ihnen aber in Ihrer Zeit eher als das Zentrum des Gegenteils vorgekommen ist?

Heym: Nicht des Gegenteils. Er war ein Beamter und fügte sich auch dem Druck der Öffentlichkeit damals in Chemnitz, es war eine Kampagne gewesen gegen mich – so daß das widersprüchliche Dinge sind. Ich bin dann 1945 in diese Schule zurückgekehrt, in amerikanischer Uniform, obwohl Chemnitz von den Russen besetzt war. Ich ging einfach an diese Besatzungsgrenze und sprach mit dem dort wachhabenden russischen Offizier. Ich sagte, ich käme aus dieser Stadt, ich wollte sie mir nochmals ansehen, ob ich durchgehen könnte.

b:e: Hatten die Allierten keine Freizügigkeit?

Heym: Nein, nein, nein. Aber der gestattete mir das. Das war in den ersten

Wochen nach Kriegsende, wo die Dinge noch nicht sehr steif geworden waren. Ich ging nach dort, besuchte meine Schule – es war eine Art Triumphgefühl, es war die Schule, von der ich geschaßt worden war, und jetzt kam ich sozusagen als Eroberer. Ich wollte irgendein Andenken haben. Nun war es merkwürdig: ich kam in diese Schule, traumhaft wußte ich, wo alles war, wo die Toilette war, mit demselben Gestank wie immer, wie in meiner Zeit, wo die Turnhalle war. Ich ging in diese Turnhalle und sah mich um, nahm eine Keule mit, eine Holzkeule, mit der ich da mal gequält worden war, mit diesen schrecklichen Turnübungen und verließ mit dieser Keule das Staatsgymnasium in Chemnitz – heute Friedrich-Engels-Oberschule.

Die Schule war damals ein Lazarett. Da kam einer dieser deutschen Ärzte auf mich zu und sagte: was nehmen Sie denn da mit? Ich sagte, nun das sehen Sie doch, eine Keule. Ja, aber das ist doch Eigentum, Staatseigentum. Ich sagte, machen Sie sich man keine Sorgen über das Staatseigentum, der Staat gehört Ihnen nicht mehr.

Jahre später, als ich wieder in der DDR war (ich habe die Keule immer mitgeführt, aus irgendeinem komischen, sentimentalen Grunde), wurde ich eingeladen nach Chemnitz, damals schon Karl-Marx-Stadt, an dieselbe Schule, um als Redner bei der Jugendweihe zu fungieren, die da in der Schule stattfand. Ich weiß schon nicht mehr, was ich auf dieser Rede gesagt habe, aber der Clou der Sache war die Rückgabe dieser Keule.

b:e: Offiziell, vor Publikum?

Heym: Offiziell, vor Publikum. Es war eine richtige gute Publicity. Und dann erfuhr ich folgendes. Es hat ja keiner der Lehrer dieser Schule '45, als ich dahin kam und die Keule mitnahm, gewußt, wer ich war. Aber der Turnlehrer, der Turnlehrer hat es erklärt, er hat es vor Zeugen gesagt (der Zeuge berichtete es mir hinterher), der Turnlehrer hat sofort gesagt, das war der Flieg*, das kann nur der gewesen sein. Der wußte das, der Herr ...

b:e: Haben Sie Eindrücke von dem Klima in den Schulen der DDR?

Heym: Ja, natürlich habe ich die. Ich kenne Lehrer und kenne vor allem auch Schüler. Mein eigener Sohn ist da lange genug zur Schule gegangen. Das sind sehr widersprüchliche Dinge, denn das Problem der Lehrer bei uns ist ja verschärft das Problem aller Bürger: das Problem der doppelten Moral. Eines muß man sagen, eines muß man lehren, und vielleicht glaubt man selber etwas ganz anderes. Wir finden gerade unter Lehrern sehr viele tragische Fälle von psychischen Krankhei-

* Der Schriftsteller hat später den Namen „Stefan Heym" angenommen.

ten, die sich auf dieses erzwungene, doppelte Leben zurückführen lassen. Natürlich ist das nicht bei allen so. Ich glaube, die Mehrheit fügt sich einfach. Die verlangen, daß ich so und so rede, also rede ich so. Und eine ganz große Anzahl glaubt es vielleicht sogar, was ihnen da auferlegt ist zu predigen. Das läßt sich nun sehr schwer feststellen. Aber das, was ich Ihnen sagte, sind eben leider auch Erscheinungen, die es in größerer Anzahl gibt.

b:e: Wenn das etwas Prägendes ist in den Schulen der DDR: welche Auswirkung hat das auf die Jugend, die dort heranwächst?

Heym: Ich habe das Gefühl, daß in der Bundesrepublik ein großer Teil der Jugend in Opposition steht.

b:e: Das ist aber auch in Teilen eine unpolitische Opposition.

Heym: Ja, sicher. Aber eine Oppositionshaltung gegenüber dem Establishement, nicht nur gegenüber der Schule, dem Lehrer, dem Elternhaus, sondern überhaupt: dieses Unbehagen in der Gesellschaft finden Sie sehr stark auch bei uns, obwohl Lehrer, Elternhaus, Gesellschaft anderer Natur sind als hier in der Bundesrepublik, bestimmt durch die wirtschaftlichen Verhältnisse und so weiter. Aber diese Oppositionshaltung ist sehr interessant. Mir wurde mitgeteilt von Lehrern, daß man einen Altersbruch ganz klar feststellen kann, wo das geschieht. Etwa, wenn die in die Schule kommen, die Kinderchen, da machen sie alles mit, Junge Pioniere, Begeisterung blah, blah, blah.

Aber im Alter von neun/zehn Jahren da fängt dieses kritische Verhalten bereits an – und steigert sich dann immer weiter und wird sehr oft zur Opposition, wenn dann der Druck kommt – auf die Jungs besonders, daß sie dann drei Jahre statt anderthalb Jahre dienen sollen, daß sie Offizier werden sollen, worauf auch der Staat außerordentlich großen Wert legt. Denn es wird ihnen ja versprochen: wenn ihr drei Jahre in die Armee geht, dann dürft ihr studieren. Den Studienplatz abhängig zu machen vom längeren Militärdienst ist natürlich nichts anderes als Erpressung. Die jungen Leute haben etwas dagegen, sehr viele. Es gibt natürlich auch eine ganze Anzahl, die das sogar gerne machen, die glauben, das ist notwendig, aber es gibt auch eine ganze Anzahl von Opponenten.

b:e: Also notwendig in dem Sinn: sie sind von der Gesellschaftsordnung der DDR überzeugt, finden das im Prinzip richtig und engagieren sich dafür.

Heym: Ja, das gibt es auch.

Nun müßte man feststellen, wie die Relationen sind, die Zahlenverhältnisse. Aber das kann ich natürlich nicht tun. Sicher weiß die Regierung, wie es in Wirklichkeit steht, aber ich weiß es nicht.

b:e: Was weiß die Jugend in der DDR über die Situation von Jugendlichen hier in der Bundesrepublik?

Was weiß die Jugend in der DDR über Jugendarbeitslosigkeit, über Lehrstellenmangel und so weiter?

Heym: Darüber wissen sie eine ganze Menge. Das wird mit großem Genuß bei uns in der Presse berichtet. Alle wirtschaftlichen Kalamitäten in der Bundesrepublik erhalten bei uns die größtmögliche Publizität.

b:e: Denken die Jugendlichen von daher über ihre Lage dort nach?

Heym: Ja, natürlich denken sie darüber nach. Aber auch bei uns gibt es eine verhüllte Arbeitslosigkeit. Bei uns geschieht es sehr oft, daß die jungen Leute nicht in den Beruf gehen, für den sie sich zu eignen glauben, oder eine entsprechende Lehrstelle bekommen. Und besonders die Knappheit der Studienplätze, in begehrten Studienfächern vor allem, und die Art, wie die Studienplätze vergeben werden: das erzeugt große Ressentiments.

b:e: Ist die Art noch ungerechter als unser System von Numerus clausus?

Heym: Das kann man schlecht sagen, was da noch ungerechter ist. Das kann ich nicht beurteilen.

b:e: Haben Sie den Eindruck, daß die Rolle der Literatur für die Jugend in der DDR eine wichtige ist?

Heym: Eine außerordentlich wichtige. Erstens sind sie zum Lesen bei uns erzogen, was etwas Gutes ist. Natürlich werden ihnen auch Bücher vorgelegt, die stinklangweilig sind, weil sie linientreu sind, und die sie lesen sollen im Schulunterricht. Das heißt, sie kommen in die Lage, gezwungen zu sein, gewisse Bücher zu lesen. Aber ich weiß, daß sie darüber hinaus auch andere Autoren lesen, mich ganz besonders. Wenn ich irgendwo eine Lesung in der DDR habe, dann sind 95 Prozent des Publikums junge Leute unter 30.

b:e: Wenn Sie in der Bundesrepublik Lesung haben?

Heym: Da sind auch sehr viele junge Leute. Ich habe das wieder auf dem Katholikentag festgestellt.

b:e: Sie sagen „Katholikentag". Warum gingen Sie dorthin?

Heym: Warum ich dorthin gehe? Weil es mir wichtig erscheint.

b:e: Weil Sie da einen bestimmten Teil der Jugend ansprechen können?

Heym: Weil ich da einen Teil meiner Leser erreiche, und zwar der Leser in der Bundesrepublik, mit denen ich ebenso Kontakt halten möchte wie mit meinen Lesern in der DDR.

b:e: Sind Sie sich sicher, daß ein Teil Ihrer Leserschaft in der katholisch organisierten Jugend sitzt?

Heym: Ich glaube nicht, daß da große Unterschiede sind zwischen Katholiken, Protestanten, Atheisten. Die interessieren sich. Ich habe eben das

Glück, daß meine Bücher Interesse erregen, auch bei diesen Menschen.

b:e: Wie sehen Sie die Chancen für das Anwachsen einer Friedensbewegung, die über nationale Grenzen hinausgeht, wenn Sie die amerikanische Friedensbewegung, die japanische Friedensbewegung, die europäische Friedensbewegung einbeziehen?

Heym: Da die Bedrohung immer größer wird, wird in der Reaktion auf diese Bedrohung natürlich auch diese Friedensbewegung immer stärker werden – und wird, das ist ganz logisch, versuchen, sich international zusammenzuschließen. Wobei man natürlich einen Unterschied machen muß zwischen jenen offiziellen, regierungsamtlich geschaffenen Friedensorganisationen, die doch etwas einseitig sind, und denen, wie ich sie bezeichne, in der Graswurzelbewegung. Die haben dann natürlich Schwierigkeiten – ich rede jetzt von den Staaten des real vorhandenen Sozialismus – die haben dann natürlich Schwierigkeiten, wenn sie sich international mit anderen im Westen vorhandenen Gruppierungen zusammenschließen und ihre Aktivitäten koordinieren.

Die Länder, die Völker sind – durch Radio und Fernsehen und Satelliten – nicht mehr voneinander zu trennen, Informationen von hier nach dort und umgekehrt reisen zu jeder Zeit in großer Menge. So glaube ich, daß solche internationale Kooperation doch noch irgendwie zustande kommt.

b:e: Eher lustig ist ja, daß unsere Regierungen die Friedensbewegung in jeweils dem anderen Staat für gut halten.

Heym: Darüber habe ich damals in Ost-Berlin, im Hotel „Stadt Berlin", geredet, daß jede Regierung natürlich die Friedensbewegung beim Nachbarn oder beim Gegner außerordentlich hoch einschätzt und zu unterstüten sucht, während sie die eigene Friedensbewegung nicht nur mit Mißtrauen, sondern sogar mit scheelem Auge betrachtet und versucht, sie soweit wie möglich zurückzuhalten, an die Kandare zu kriegen. ●

Bernt Engelmann

„Da ist eben der eine der Gegner und der andere der Freund und Genosse“

Bernt Engelmann ist einer der bekanntesten Autoren politischer Sachbücher. In Tausenden von Exemplaren sind Titel wie „Ihr da oben, wir hier unten“, geschrieben zusammen mit Günter Wallraff, oder sein erstes Anti-Geschichtsbuch „Wir Untertanen“ verbreitet. Seine Bücher stehen auf den Bestsellerlisten. Die gewerkschaftlich organisierten Schriftsteller wählten ihn zu ihrem Vorsitzenden. Und Engelmann war es, dem das Wort von den „Ratten und Schmeißfliegen“ (Erfinder: Strauß/Stoiber) galt.

Engelmann untersucht „Wie wir wurden, was wir sind“. So der Titel eines Buches, in dem es um die ersten Jahre der Bundesrepublik geht.

b:e: Herr Engelmann, Sie haben mittlerweile, angefangen von „Wir Untertanen" bis „Wie wir wurden, was wir sind", eine ganze Reihe von sogenannten „Anti-Geschichtsbüchern" geschrieben.

Engelmann: Ein neues ist gerade in Arbeit.

b:e: Worüber?

Engelmann: Über die 50er Jahre.

b:e: Sie wollen damit beweisen, daß Geschichte – allen landläufigen Vorurteilen zum Trotz – interessant ist.

Engelmann: Ja, wobei ich das Wort „interessant" definiert habe als den Interessen derer entsprechend, für die Geschichtsbücher bestimmt sind.

b:e: Dabei geht es Ihnen, wie Sie schreiben, besonders um Jugendliche. Haben Sie mit diesem Versuch Erfolg?

Engelmann: Also, zunächst mal sind die Auflagen, was mich selber überrascht hat, enorm hoch, vor allem die Taschenbuch-Auflagen. Von den ersten beiden Anti-Geschichtsbüchern dürften ungefähr 750000 verkauft sein.

Daß die Sache gewirkt hat, ersehe ich außerdem aus meiner Post. Da schreiben Klassensprecher, Lehrer, auch einzelne Schüler. Es wird mit den Büchern in den Schulen gearbeitet, als Ergänzungslektüre oder ich weiß nicht in welcher Form im einzelnen. Ich weiß auch, daß sie in Gewerkschaftsseminaren benutzt werden. Ich komme ab und zu mal rum, und dann erzählt mir jemand: Damit haben wir jetzt ein Wochenendseminar gemacht. Oder: Davon habe ich 200 Stück für unser Schulungsheim angeschafft.

Was mich am meisten erstaunt hat, ist, daß gerade in sozusagen unterentwickelten Gebieten, sagen wir beispielsweise in Gebieten wie Süd-Württemberg, Allgäu oder Oberpfalz, Niederbayern, eine stärkere Beschäftigung damit stattfindet, jedenfalls nach den Zuschriften, als in Großstädten.

b:e: Sie lesen auch in Schulen. Sie diskutieren mit Schülern. Welchen Eindruck haben Sie von der Wirksamkeit historischer und politischer Bildung in der Schule?

Engelmann: Ich finde in den Schulen in aller Regel nicht die Resonanz, die ich mir vorstelle und wünschte. Es ist doch eine gewisse Unkenntnis und z.T. auch eine Apathie vorhanden. Aber das gilt natürlich nicht für alle Schulen.

Schlechte Erfahrungen habe ich vor allem in einigen angeblich ganz modernen, großstädtischen Gesamtschulen gemacht, wo ich ungewöhnlich wenig antraf. Das muß nicht daran liegen, daß sie modern konstruiert waren. Aber ich habe immer wieder festgestellt, daß immer da, wo eine Lehrerpersönlichkeit über das Maß an Einsatz, was eigentlich dienstlich verlangt wird, hinaus mit seinen Schülern einer

Sache nachgeht, erstaunliche Erfolge möglich sind. Dagegen ist das, was man sozusagen von Amts wegen organisiert, ganz sekundär.

b:e: Kommen wir auf Ihre Bücher zurück. Ihnen ist hier und da Schwarz-Weiß-Malerei angekreidet worden.

Engelmann: Das ist doch ganz selbstverständlich, daß Konservativen das nicht schmeckt. Es ist ihr gutes Recht, darüber zu schimpfen. Ich sage meinerseits, daß es überhaupt keine objektive Geschichtsschreibung gibt. Eine jede Geschichtsschreibung nimmt, bewußt oder unbewußt, einen Standpunkt ein. Und ich nehme eben auch einen Standpunkt ein und erkläre das auch ganz offen.

b:e: Trotzdem. Darf man die Geschichte wirklich so reinlich in Gut und Böse einteilen?

Engelmann: Wenn man einen deutlichen Klassenstandpunkt einnimmt, ist es klar, daß man damit auch eine Geschichte schreibt, die von Klassenkämpfen beherrscht ist. Da ist eben der eine der Gegner und der andere der Freund und Genosse.

b:e: So einfach ist das?

Engelmann: So einfach ist das.

b:e: Gibt es in Ihren Büchern „Bestseller-Kompromisse", z.B. in der Form der Darstellung?

Engelmann: Bestseller-Kompromisse erscheint mir ein nicht angebrachtes Wort. Es geht mir nicht darum auf der Bestsellerliste zu stehen, obwohl das nicht ganz stimmt, natürlich bin ich auch daran interessiert, schon wegen der Marktmechanismen. Ich meine, die Chance, daß ein Buch als Taschenbuch eine große Verbreitung findet, ist dann erst gegeben, wenn das Buch auch als Hardcover-Ausgabe ein Bestsellererfolg ist, dann kommen die großen Garantien der Taschenbuch-Verlage, und dann strengen sie sich auch an, daß die Bücher verkauft werden. Konzessionen in dieser Richtung mache ich, insofern ich die Bücher so lesbar und so verständlich wie möglich zu schreiben versuche, unter Verzicht auf wissenschaftliche Apparate, unter Verzicht auf akribische Genauigkeit, was die eine oder andere Darstellung betrifft. Ich habe ursprünglich noch nicht einmal eine Bibliographie reingeschrieben.

b:e: Es gibt ja zur Zeit eine Art Hochkonjunktur in Sachen Geschichte, nicht nur auf dem Buchmarkt, auch in den Museen. Woher kommt das? Von einigen besonders wackren Linken ist das Phänomen ja gleich in die rechte Ecke gestellt worden.

Engelmann: Ich halte das für Unsinn. Meiner Ansicht nach kommen da mehrere Dinge zusammen. Da ist einmal ein möglicherweise rechts einzuordnender oder ganz unpolitischer, sagen wir mal, nostalgischer Wunsch, sich wieder mit Vergangenem zu beschäftigen. Auf der anderen Seite kommt das linke Bedürfnis hinzu, verschüttete Traditionen freizulegen.

b:e: Nun kommt in diesem Jahr aus Preußen einiges auf uns zu.

Engelmann: Ich habe mein „Preußen“ schon lange hinter mir. Als ich dieses Buch schrieb, habe ich erstens mich sehr darum bemühen müssen, den Verlag davon zu überzeugen, daß es ein gutes Thema ist, zum anderen war an eine Preußenausstellung, an ein Preußenjahr überhaupt noch nicht zu denken, es war reiner Zufall.

b:e: Befürchten Sie da mehr oder setzen Sie gewisse Hoffnungen in dieses Preußenjahr?

Engelmann: Ich muß Ihnen ehrlich gestehen, nach dem, was ich gesehen habe, kommt bei der Preußenausstellung nicht viel heraus. Da ist eine große Chance, meine ich, verpaßt worden, ein brisantes Thema von unterschiedlichen Standpunkten her aufzubereiten. Was ich gut finde: daß sich überhaupt mal nun auch alternative Kreise mit dem Thema befassen. Da sind in Berlin mindestens hundert Nebenveranstaltungen, von denen eine ganze Reihe sicher interessant sind. Ich mache selber auch im Renaissance-Theater mit einem Kollegen zusammen einen Preußenabend.

b:e: Sie identifizieren sich auch persönlich mit Preußen?

Engelmann: In gewisser Weise ja. Erstens bin ich gebürtiger Preuße, d.h. in dem Sinne, daß ich nicht nur in Berlin zur Welt gekommen und aufgewachsen bin, sondern auch meine Eltern und Vorfahren, soweit man sie zurückverfolgen kann, samt und sonders aus preußischen Provinzen oder aus Berlin stammen. Sodann fühle ich mich durchaus in der Tradition stehend von, sagen wir mal, Lessing und Kant und den späteren Preußen, die es alle schwer gehabt haben. Ich habe es auch nicht immer ganz einfach.

b:e: Die Liebe zu Kant verbindet Sie mit unserem früheren Bundeskanzler Helmut Schmidt?

Engelmann: Ja, wobei ich nicht weiß, ob er den Kant genauso versteht wie ich. Ich sehe ihn als einen, wenn auch aus persönlichen Gründen, leicht getarnten Jakobiner. Als einen – wie Heine es gesagt hat – „vor dem sich die Bürger Königsbergs, wenn sie ihn verstanden hätten, mehr gefürchtet hätten, als vor dem Scharfrichter“. Weil er doch ihren Gott umgebracht hat. Ich sehe in Kant natürlich auch den kategorischen Imperativ. Ob ich dabei nun glücklich bin oder nicht, aber man muß doch irgendwas leben. Ich bin ziemlich preußisch in meiner Arbeitsweise, einschließlich dessen, was auch zum Preußentum gehört, nämlich des sich auch mal völlig Gehenlassens – als Künstler, als Musiker, meinetwegen auch als

Trinker – à la E. T. A. Hoffmann, der ein akribisch genauer Jurist und Beamter war und seine Nächte spinnend und phantasierend und saufend verbracht hat mit seinen Freunden.

b:e: Das bringt mich auf die Frage: Wie arbeiten Sie? Man braucht nur ein paar Titel von Ihnen in die Hand zu nehmen und fühlt sich sogleich erschlagen von der Fülle der Details.

Engelmann: Ich arbeite, wie man eben als Journalist arbeitet. Da hat man ja recherchieren gelernt. Da ich außerdem inzwischen erheblich an Alter und Bequemlichkeit zugenommen habe, mache ich alles nach Möglichkeit zu Hause mit unzähligen Nachschlagewerken, die ich mir angeschafft habe.

b:e: Alles selbst?

Engelmann: Ja, alles selbst. Ich lese eine Menge von dem, was von den Instituten, die mich interessieren, veröffentlicht wird. Ich habe auch einen Freund, den Historiker Walter Grab*, der bestimmte Manuskripte noch einmal gegenliest.

Ich habe ein-, zweimal versucht, jemanden hinzuzuziehen, der mir die Knochenarbeit abnimmt, das Heraussuchen von bestimmten Sachen aus Büchern z.B. Aber es hat nicht geklappt. Und so habe ich außerdem die Gewißheit, daß ich niemand dafür verantwortlich machen kann, wenn was nicht stimmt.

b:e: Nehmen wir mal an, Sie nehmen sich vor, wieder mal etwas über „die da oben", eine Industriellenfamilie oder ein Adelsgeschlecht, zu schreiben. Wo setzen Sie an? Wo findet man etwas über die Firma, ihre Aktivitäten, Verzweigungen und Geschichte?

Engelmann: Ich habe z.B. mal über den Thurn und Taxis geschrieben. Nun findet man in den gängigen Dingen nur Klatsch, oder man findet darin nur Angaben, die an sich nur von sekundärem Interesse sind, in genealogischen Handbüchern oder so. Ich habe selbst die mir angeschafft, weil ich im Laufe der Zeit feststellte, daß man doch eine Menge herausfinden kann, insbesondere über Verzweigung, familiäre Verbindungen usw. Das interessanteste bei Thurn und Taxis schien mir der Großgrundbesitz zu sein. Alle Anfragen bei den entsprechenden Verbänden oder auch bei den Ämtern waren zweck- und nutzlos.

b:e: Weil da Bernt Engelmann anfragte oder überhaupt?

Engelmann: Überhaupt. Der Wald- und Grundbesitzerverband gibt nicht einmal Mitgliederlisten aus der Hand.

* Walter Grab, ist Professor für deutsche Geschichte an der Universität Tel Aviv und vor allem mit seinen Arbeiten über die deutschen Jakobiner bekannt geworden. (Z.B. Walter Grab (Hrsg.): Freyheit oder Mordt und Todt. Revolutionsaufrufe deutscher Jakobiner, Wagenbachs Taschenbücherei 59, 192 Seiten, DM 8,50 – Lesenswert!)

Die Katasterämter, je mächtiger einer ist, desto schwieriger ist es auch da heranzukommen, außerdem würde sich der Besitzer Thurn und Taxis über einige hundert Katasterämter erstrekken. Das wäre wirklich zu mühselig und zeitraubend das zu finden. Also bin ich von einer Arbeitshypothese ausgegangen. Ich habe einfach angenommen, es hätte sich gar nichts verändert seit 1914, jedenfalls in den Gebieten, die westlich – also in der Bundesrepublik und Österreich – liegen. Von dieser Prämisse ausgehend, habe ich anhand der alten Güterkalender, die es noch gibt, wo damals in der Kaiserzeit noch jeder Großgrundbesitzer genau angegeben hat was ihm gehört, welche Güter und welchen Umfang, wieviel Wald und wie viele Wälder und wieviel städtischer Grundbesitz. Dieses hat sich erst geändert seit von Bodenreformen die Rede war, also seit 1918. Davon ausgehend, habe ich gesagt: Wenn das noch so sein sollte, wie es damals war, müßte ich diese Güter alle in den entsprechenden Telefonbüchern finden. Ich habe mir daraufhin sämtliche Telefonbücher der Bundesrepublik angeschafft, das ist keine größere Ausgabe, aber eine Platzfrage, und habe dann, da es ja sehr kleine Netze sind, praktisch jedes einzelne gut nachgesehen und gefunden von 1914 an. Das steht dann entweder unter F wie fürstlich oder unter T – wie Thurn und Taxis oder unter R – wie Rentamt. Wenn es so ein kleines Netz ist, kann man das relativ schnell finden. Nachdem ich dieses festgestellt habe, hatte ich eine Ausgangsbasis. Nun konnte ich dem damaligen Erbprinzen Johannes schreiben: Hören Sie zu, ich will über Ihr Haus und Ihren Großgrundbesitz etwas schreiben und habe die und die Informationen. Ich wäre Ihnen dankbar, wenn Sie dazu Stellung nehmen würden, ob das noch so stimmt oder ob da Fehler dabei sind. Was als nächstes kam war eine Einladung, bei der wir uns dann einen Nachmittag unterhalten haben und entdeckt haben, daß ich noch einiges übersehen hatte.

b:e: Wie kommt es zu so einer Einladung? Sind die Herrschaften letzten Endes vielleicht doch geschmeichelt, wenn sie von Bernt Engelmann zu den Großen gezählt werden?

Engelmann: Ich glaube, das ist tatsächlich so. Ich glaube, daß eine ganze Reihe von Leuten sich doch mehr darüber freut, daß überhaupt über sie geschrieben wird.

b:e: Auch wenn die wissen, was Sie darüber schreiben?

Engelmann: Ja. Wobei ich Ihnen dazu sagen muß: Dieses entspricht auch meiner Ansicht. Mir ist auch ein schöner langer Verriß in der „Frankfurter Allgemeinen" lieber, als nicht erwähnt zu werden. ●

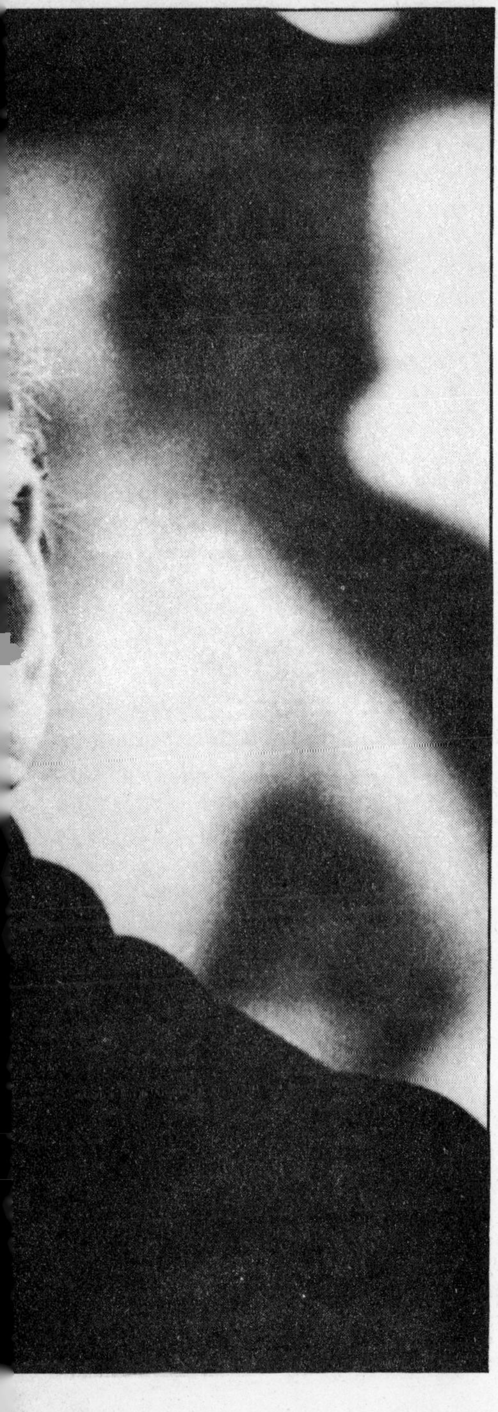

Max von der Grün

„Die Schüler ahnen lassen, was auf sie zukommt"

Das Arbeitsleben kennt Max von der Grün aus dem ff – 1926 als einziges Kind des Schuhmachers Albert und der Hausfrau Margarethe von der Grün in Bayreuth geboren, begann nach seiner Schulzeit eine Lehre in der Porzellan-Industrie, die er als Kaufmannsgehilfe 1943 abschloß.

Nach einer kurzen Ausbildung als Fallschirmspringer kam er bald in Kriegsgefangenschaft und arbeitete danach bis 1948 in Amerika als Baumwollpflücker, Holzfäller, Zuckerrohrschläger und Bergmann in einer Kupfermine. Danach war er Bergmann. Er lebt seit 1963 in Dortmund.

b:e: Herr von der Grün, Sie sind ein bekannter Autor, dessen Werke, vor allem Kurzgeschichten, gerne in der Haupt- und Realschule behandelt werden.

Von der Grün: Ja das stimmt. Es werden aber nicht nur Kurzgeschichten, es werden auch Romane von mir gelesen. Zum Beispiel ist: „Irrlicht und Feuer" ein Dauerbrenner in den Schulen. Dann „Stellenweise Glatteis" und natürlich in den Unterstufen „Die Vorstadtkrokodile".

Und was mich besonders freut ist, daß in der letzten Zeit Klassensätze angeschaft werden von meinem Buch „Wie war das eigentlich?"

b:e: Was waren denn Ihre Motive, die Sie zum Schreiben veranlaßt haben?

Von der Grün: Da kommt schon wieder diese Frage, wo ich einen Menschen ermorden könnte. Was waren die Motive...? Dann ist immer meine Gegenfrage, „fragen Sie mal den Beethoven, warum er die 9. Symphonie komponiert hat". Verstehen Sie, das ist eine idiotische germanistische Frage. Die Schüler fragen mich das auch immer. Das steckt so in denen drin. Von ungefähr kommt das nicht. Das kommt vom Katheder, das haben ihnen die Lehrer eingebläut.

b:e: Nun doch noch mal zur Motivation.

Von der Grün: Ist doch ganz klar, daß die Motivation nicht von heute auf morgen kommt. Schreiben ist ein langer Prozeß. Das Schreiben ist für mich immer ein Erkenntnisprozeß gewesen.

b:e: Die meisten Ihrer Geschichten behandeln sehr konkret die Arbeitswelt. Was können, was sollen Schüler daraus lernen? Die Schilderungen sind sehr realistisch, aber auch wenig freundlich, wenig optimistisch.

Von der Grün: Wissen Sie, ich würde sagen, nach so viel Schönfärberischem, das es immer noch leider in unseren Schulbüchern gibt, möchte ich die Schüler über diese Geschichten und Romane ahnen lassen, was auf sie zukommt, denn die Schule währt ja nicht ewig. Eines ist mir in den letzten drei Jahren klar geworden, wenn ich an den Schulen bin und mit den Schülern diskutiere – in Diskussionen an den Hauptschulen und Realschulen sieht es sehr viel wirklichkeitsbezogener aus als in den Gymnasien.

b:e: Gerade, wenn man das bestätigt was Sie sagen, bieten dann Ihre Figuren nicht wenig Veränderungsmöglichkeiten an?

Von der Grün: Arbeitswelt ist halt nicht optimistisch.

Es ist eben ein Unterschied, ob ich morgens um fünf Uhr mit dem Henkelmann aus dem Haus gehe, oder um neun Uhr mit einem Chauffeur im Mercedes abgeholt werde. Da liegen verschiedene Welten dazwischen. Wissen Sie, das ist immer wieder diese Frage des Optimismus – wo bleibt das Positive, Herr Kästner? Aber andersrum sind alle meine Figuren – nehmen wir mal die Protagonisten – wieder Leute, die eine Veränderung anstreben.

b:e: Das stimmt. Sie gehen dabei aber immer sehr individuell vor.

Von der Grün: Da muß ich die Frage stellen, warum ist das eigentlich so? Warum gehen die Kumpels nicht solidarisch vor? Sie haben es nicht gelernt, gegen den Stachel zu löcken. Die fragen sich, was nun werden soll, wenn sich ihre Gewerkschaftsfunktionäre zu Bonzen entwickeln. Zum Beispiel, daß in Großbetrieben Betriebsräte heute schon zu einem Drittel mit Leuten besetzt sind, die nicht auf der Einheitsliste der IG Metall stehen.

Das muß doch seine Ursachen haben. Die Arbeiter befürchten halt einfach, daß Betriebsräte ein verbeamtetes Arbeitsverhältnis haben. Mein Gott, ich kenne Betriebsräte, die sind schon seit 30 Jahren Betriebsratsvorsitzender. Da ist doch ein ganz normales Mißtrauen gerechtfertigt.

b:e: Heißt das Interessenvertretung neben der Gewerkschaft?

Von der Grün: Nein. Ich lehne die Gewerkschaften ja nicht ab. Meine Kritik an den Gewerkschaften kommt ja auch nicht von rechts, sondern von links. Das ist, was einigen Leuten an mir ja nicht behagt.

b:e: In den letzten Jahren hat sich in der Gewerkschaft einiges verändert. Haben Ihre Erfahrungen Sie radikalsiert?

Von der Grün: Ich glaube nicht, daß ich mich im Laufe der Jahre immer mehr nach links bewegt habe. Ich glaube, daß bestimmte Institutionen sich immer mehr nach rechts bewegt haben. Dazu gehören die Gewerkschaften. Für Frieden dürfen wir ruhig sein, aber Leute rührt nicht an der Neutronenbombe, so ungefähr sieht deren Gleichung aus. Also, das sind doch Hirngespinste. Mich hat mal einer gefragt, was eigentlich der Verdienst eines Autors ist. Da habe ich darauf geantwortet, daß er etwas beim Namen benennt, nicht mehr und nicht weniger.

b:e: Also durch Bücher die Welt verändern?

Von der Grün: Da gibt es bei mir eine ganz klare Antwort darauf. Jawohl! Ich bin ein Teil dieser Welt und mich hat Literatur verändert, nicht als Schreiber, sondern als Leser.

b:e: Welches ist denn Ihre Hauptlesergruppe?

Von der Grün: Wissen Sie, wenn Sie mir jetzt einen Schlüssel geben könnten, wer mein Leser ist, dann wäre ich auch zufrieden. Ich sage Ihnen einmal ein paar Beispiele. Ich weiß, daß ich von Kolchosen-Bauern gelesen werde und auch von einer Stewardeß. Wenn mir einer gesagt hätte, hör mal, das ist eine Leserin von Dir, dem hätte ich darauf geantwortet, ein Mädchen mit so schönen Beinen kann nicht mein Leser sein. Verstehen Sie, da täuscht man sich ungeheuer. Oder unten in der Kneipe, in der ich verkehre, stand immer ein Mann am Tresen. Ich wußte seinen Namen gar nicht, aber das ist auch gar nicht wichtig. Wenn man am Tresen steht, braucht man den Namen nicht zu wissen. Ich unterhalte mich auch so und eines Abends, das war schon eher ein Gutenacht-Schoppen und er stand immer noch am Tresen, ich sag' dann, komm', trink noch einen, dann war es eins. Kein Mensch mehr im Lokal. Da zog er aus der Jacke, aus jeder Seite, zwei Taschenbücher von mir und guckte sich wieder um und sagte: „Und jetzt schreibst Du mir da was rein". Wissen Sie, was der Mann hat? Der hat sich vor den anderen geschämt, daß er Bücher kauft.

b:e: Also ich hätte mir eher gedacht, das sind die Intellektuellen, die sich die Arbeitswelt vorführen lassen.

Von der Grün: Ich muß Ihnen sagen, ich weiß es nicht. Verstehen Sie, aber interessieren würde es mich schon. Ich habe auch bislang schon 5000 Briefe von Kindern bekommen, die die „Vorstadtkrokodile" gelesen oder gesehen haben. Sie haben Spaß daran gehabt, vielleicht haben sie daraus auch etwas gelernt.

b:e: Zu Kindern und Schülern – ihr Buch „Wie war das eigentlich?" ist stark an den Schulen vertreten.

Von der Grün: Ich habe das Buch auch zum Teil mit Wut geschrieben, weil mir beim Schreiben immer wieder vor Augen stand, wie erschreckend wenig die Schüler über die deutsche Geschichte wissen. Ich will Ihnen nur ein Beispiel sagen: Ich bin an einer Schule in Münster und lese auch aus meinem Buch „Wie war das eigentlich?" bestimmte Passagen vor. Ich sage also: „Ich bin zu den Fallschirmjägern in eine Kaserne nach Gardelegen bei Magdeburg eingezogen." Damit wir uns nicht mißverstehen, es war Klasse 11 und 12. In der anschließenden Diskussion sagt eine Schülerin zu mir, wie können Sie nach Gardelegen bei Magdeburg eingezogen werden, Magdeburg liegt doch in der DDR. Ich habe gesagt, Mädchen, wie muß diese Schule beschaffen sein, daß Du hier im 12. Schuljahr sitzt.

b:e: Versagt also die Schule?

Von der Grün: Ich halte es für skandalös, wenn man also beim ersten Weltkrieg aufhört mit der deutschen Geschichte und die 20er Jahre noch im Galopp macht und 33 ist dann Schluß und fängt dann bei der staatsbürgerlichen Erziehung bei Adenauer an, das halte ich natürlich für schlimm. Aber ich muß auch die Schule in Schutz nehmen. Wenn alle schreien, die Schule hat versagt, dann müssen wir einen Schritt zurückgehen und sagen, das Elternhaus hat versagt. Die Kinder sollen doch mal nach Hause gehen und ihren Vater oder Großvater fragen, wie war das damals eigentlich. Damit fängt es doch schon an. Man langt sich doch an den Kopf, wenn man hört, was die von ihren Vätern und Großvätern alles vom Krieg erzählt bekommen. Was das alles für ungeheuer dufte Männer gewesen sind. Das ist so eine Winnetou / Old Surehand-Romantik. Der Krieg wird dargestellt als männliches Abenteuer, aber nicht als eine Veranstaltung, die den Menschen tot oder eine Welt tot macht. So geht es doch im Elternhaus los.

b:e: Also hat Schule Informationen zu geben, die man haben muß, um bessere Fragen stellen zu können?

Von der Grün: Das ist klar. Da will ich Ihnen nicht widersprechen.

b:e: Könnten diese Informationen in einem anderen Schulsystem besser vermittelt werden?

Von der Grün: Also, ich bin erst mal ein absoluter Befürworter der Gesamtschule. Ich muß dann allerdings auch einflechten, daß die Schule, welche Form sie auch immer haben kann, wenn bestimmte Qualitätskriterien nicht erfüllt sind, taugt sie nichts. Also – Gesamtschule hin, Gesamtschule her – was kann ich von einem Schüler halten, der jeden Tag das Ortsschild Castrop-Rauxel liest und wenn er es dann im Text schreibt, schreibt er es anstatt mit „C“ mit „K“. Verstehen Sie, was ich meine? Das sind meine Kriterien.

b:e: Wenn Sie in der Schule lesen und diskutieren, stellen Sie da einen politischen Klimawechsel fest? Wie schätzen Sie die Jugendlichen ein?

Von der Grün: So allgemein läßt sich das nicht sagen. Jugendliche sind für viele Dinge oft leicht zu begeistern, ob das von Dauer ist, weiß man nicht. Bei manchen Fragestellungen in der Schule merkt man gleich, woher der Wind weht. Ein Beispiel: Da ließ einer die Bemerkung los, Sie schreiben in dem ganzen Buch „Wie war das eigentlich?“ einen einzigen Satz über den Bombenkrieg, den die Amerikaner in Dresden führten. Verzerren Sie da nicht? Ich finde, möglicherweise bin auch ich sensibler geworden, daß in letzter Zeit häufiger solche Fragen gestellt werden.

b:e: Ihr Verhältnis zu politischen Parteien ist ja ebenfalls sehr sensibel. Anläßlich der „Großen Koalition“ sind Sie aus der SPD ausgetreten und bis heute nicht mehr in diese Partei zurückgekehrt.

Von der Grün: Zweierlei dazu. Das ist halt die Gretchenfrage. Ich halte den Willy Brandt nicht nur für einen

Politiker. Der ist ein Staatsmann. Der wurde über die Guillaume-Affäre zum Rücktritt gezwungen – so jemanden wie ihn brauchten wir heute. Allerdings, ich habe dem Willy Brandt nicht verzeihen können, daß er den Radikalenerlaß unterzeichnet hat. Da werden die jungen Leute kaputtgemacht und kriminalisiert. Das ist wieder mal so eine deutsche Besonderheit. In Frankreich wäre so etwas nie möglich. Und die öffentlichen Gelöbnisfeiern, die hat der Apel gemacht, ein Sozialdemokrat und nicht die CDU. Das ist doch total verrückt – da wundern die sich, wenn die Jugend protestiert.

b:e: Was ist heute mit der SPD, mit der Friedensbewegung und den Grünen?

Von der Grün: Es tut mir leid, ich kann die SPD nicht mehr wählen. Ich kann es nicht mehr. Ich gebe ja meine Unterschrift für die Aufrufe, für die Aktionen. Ich habe die Protestaktion der Schriftsteller gegen die Aufrüstung als Erstunterzeichner unterschrieben.

b:e: Der Autor Max von der Grün würde, wenn er auf die Idee käme, sich beim öffentlichen Dienst zu bewerben, ja wohl auch unter den Radikalenerlaß fallen.

Von der Grün: Nehmen Sie das Beispiel meiner Tochter. Als die in Berlin zu studieren begann, ist sie in die SEW eingetreten. Sicherlich hat der Gruppendruck der Kommilitonen eine Rolle dabei gespielt. Meine Tochter weiß heute ganz genau, daß diese Jugendsünde ihr den Weg in eine Staatsstelle verbaut.

b:e: Zu etwas anderem. Die Gastarbeiter kommen in Ihren Büchern recht schlecht weg.

Von der Grün: So. Jetzt passen Sie auf. Der Komplex Gastarbeiter, der taucht zum Beispiel in „Stellenweise Glatteis" nur dreimal auf, am Beginn des Buches, in der Mitte und am Ende. Ein Italiener wird des Mordes verdächtigt und am Schluß ist es dann der Türke. Genau dasselbe, was Sie jetzt sagen, hat mir ein Student an der Uni Essen gesagt. Und jetzt wollen wir es ganz klar festhalten. Wenn in meinem Buch ein Deutscher das Mädchen ermordet hätte, dann würde ich die Unterscheidung machen zwischen Kunst und Kitsch. Das wäre Kitsch, das wäre absoluter Kitsch. Und das ist Euer soziales Romantisieren, ja, was Sie jetzt zur Sprache gebracht haben, das ist eine Sozialromantik, da geht mir das Messer in der Tasche auf. Man muß wissen, daß dieser Arbeitsprozeß hart ist und man muß wissen, was da für Konkurrenzkämpfe laufen.

b:e: Wenn Sie sagen, daß die Gastarbeiter die Konkurrenz im Betrieb verschärfen, würden wir meinen, daß es eine sinnvolle Sache ist, die Integration von Gastarbeitern, vor allen Dingen von Kindern, voranzutreiben.

Von der Grün: Da muß ich Ihnen Ihre Romantik austreiben. Es gibt einen Gastarbeiteranteil, der will sich nicht integrieren lassen, er will es nicht, ja, sie wollen es nicht. Gehen Sie rüber nach Herne, ich sage immer Klein-Istanbul dazu. Die Türken wollen sich nicht integrieren. Sie wollen es nicht. Das muß man doch endlich auch mal zur Kenntnis nehmen. Immer dieses Tränenrührige, ach, diese Armen, nein. Man muß zur Kenntnis nehmen, daß die Türkin die Sklavin des Mannes ist. Und wieso haben wir Deutsche eigentlich das Recht, alle diese Leute umzupolen? Dagegen wehre ich mich. Am deutschen Wesen soll die Welt genesen.

b:e: Man könnte diese Leute aber auch in ihrem Andersverhalten praktisch unterstützen oder auch sagen, warum sie sich anders verhalten.

Von der Grün: Also da muß ich Ihnen darauf antworten, es ist nicht die Aufgabe eines Autors, alles zu erklären. Man kann auch etwas zu Tode erklären. Für mich ist ein Gastarbeiter ein Arbeiter wie jeder andere auch. An seinem Arbeitsplatz hat er seinen bestimmten Stellenwert, in der Gesellschaft hat er seinen bestimmten Stellenwert. Warum verlangt man also auf der einen Seite von mir realistisches Schreiben, ehrlich sein und sonst dergleichen, und dann kommt ein bestimmter Punkt, wo man mir das übelnimmt. Ich verstehe diese Schizophrenie nicht.

b:e: Haben Sie direkt mit Gastarbeitern zusammengearbeitet?

Von der Grün: Ich weiß noch, als ich auf der Zeche gewesen bin, 1961 kamen die ersten Türken. Sie arbeiteten auch unter Tage und ich weiß, ich ging die Hauptstrecke nach vorn, um meine Lokomotive zu holen und da lagen plötzlich drei Türken auf ihrem Gebetsteppich. Da habe ich zu einem gesagt, „Du irrst Dich, Osten ist hier, Du kniest nach Norden." Unter Tage ist es gar nicht einfach, die Himmelsrichtung festzustellen. Dann sag ich zu ihm, „das geht nicht, das kannst Du nicht machen, laß Deinen Gebetsteppich zuhause, bete wieder, wenn Du draußen bist".

Und als ich dann mit einem alten Kumpel im Schacht rauffuhr, sagte der „Mensch, warum eigentlich nicht". „Wenn Du bedenkst, daß die Bergleute bis zum ersten Weltkrieg noch in ihre Bethäuser gingen und Gott um Schutz angerufen haben und erst dann eingefahren sind." Es ging mir damals nicht mehr aus dem Kopf, was der alte Kumpel zu mir sagte: „Laß sie doch beten." Warum eigentlich nicht? Laß sie halt beten! ●

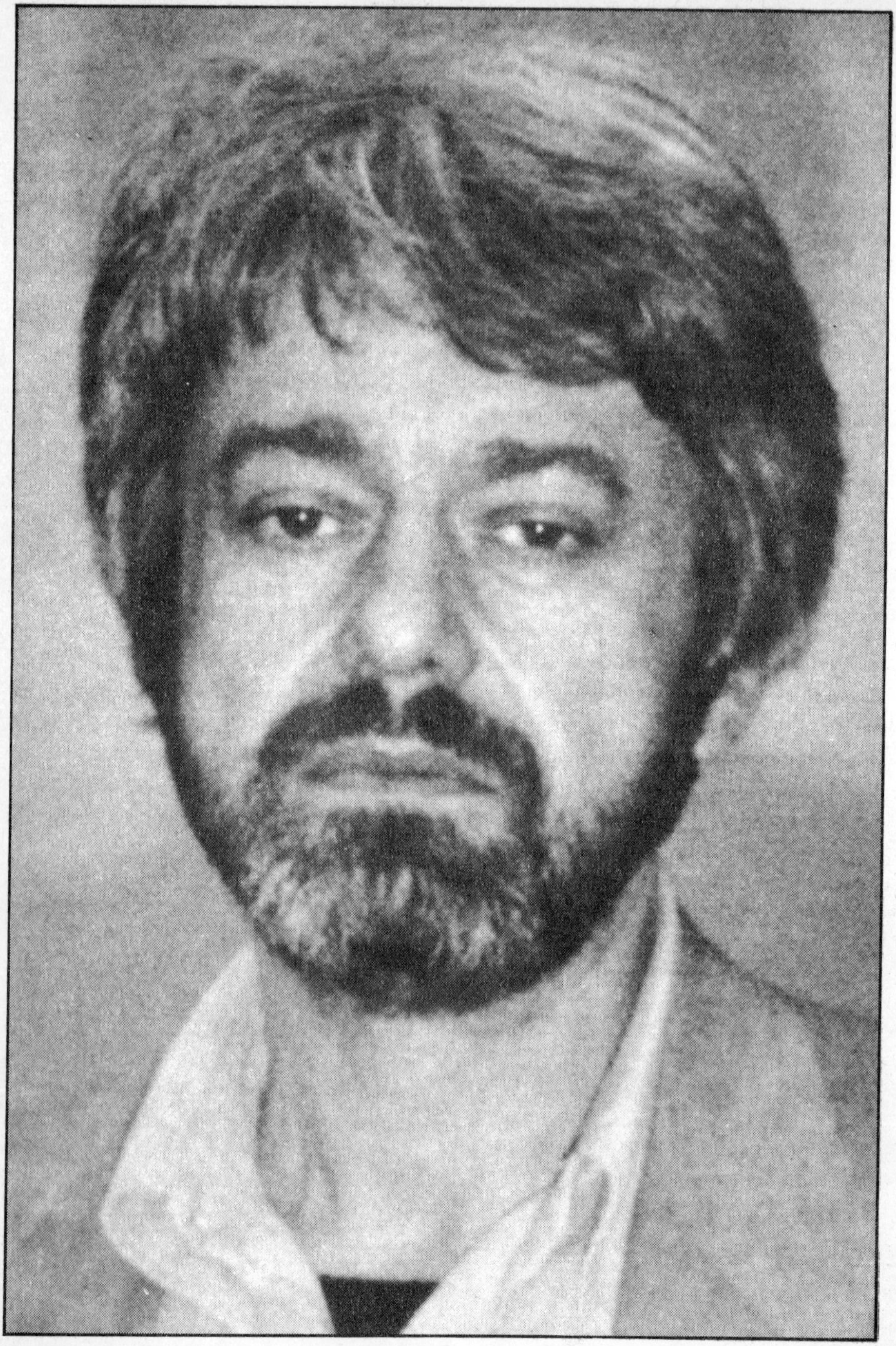

Jurek Becker

„Ich will Ihnen dazu eine kleine Geschichte erzählen“

Auf dem Tisch liegt der *Kicker*. „Wissen Sie“, sagt der Dichter, „den brauche ich, weil da die Tabelle der DDR-Oberliga drin ist.“

Jurek Becker, z. Z. mit der Würde des Stadtschreiberamtes im Frankfurt/M.-Vorort Bergen-Enkheim geehrt, ist nach wie vor DDR-Bürger. Mit einem Ein- und Ausreisevisum bis 1989 im DDR-Paß versehen, ist Becker nach den Biermann-Solidaritäts-Querelen in den Westen übergesiedelt. Und er denkt nicht daran, an diesem Zustand ohne Not etwas zu verändern. Er würde eigentlich ganz gerne wieder in der DDR leben, sagt er uns, freilich nicht um den Preis des Schweigens. Seine letzten Bücher aber sind in der DDR nicht mehr veröffentlicht worden. Also möchte Becker es beim Provisorium belassen. Hin und wieder wird einer seiner früheren Romane vom Rostocker Verlag Hinstorf für die DDR aufgelegt. „Man hat mich also auch noch dort noch nicht ganz aufgegeben“, sagt er. Die Beziehungen werden dünner, ohne abzureißen. Zum Renegaten will er sich dennoch nicht machen lassen, „obwohl manche das von mir hier erwarten“.

Überhaupt mißbehagt ihm offenbar der Etikettenschwindel, politisch wie literarisch. So wie er sich weigert, in der Bundesrepublik die Rolle des von Kommunisten betrogenen Kommunisten zu spielen, sperrt er sich in seinem Werk dagegen, sich nur einem Thema zu verschreiben.

Becker, der in seinem grandiosen Erstling *Jakob der Lügner* (1969) und in seinem weithin unterschätzten Roman *Der Boxer* (1976) jüdische Schicksale während des Krieges und der Nachkriegszeit beschrieb, hat sich nicht auf Autobiographisches festlegen lassen. Ungewöhnlich ist die Vielseitigkeit in der Wahl seiner Themen wie ihrer Form. Es gibt wenige Bücher der deutschen Nachkriegsliteratur, die so gut erzählt *und* genau formuliert sind, die bedeutsame Gegenstände behandeln *und* so viel Witz haben wie Jurek Beckers Bücher.

In seiner Frankfurter Rede *Über den Kulturverfall in unserer Zeit* (auszugsweise abgedruckt in der „Zeit" 20/1983) hat er deutlich gemacht, wie scharf seine Kritik sein kann: „Im Verhältnis zwischen Staat und Bürger ist es eine Selbstverständlichkeit, die Dinge mit ihrem Gegenteil zu bezeichnen: Die geistige Verkrüppelung wird freie Entfaltung genannt, das eingeschüchterte Kopfnicken freie Meinungsäußerung, Engstirnigkeit heißt freie Willensbildung. Gehorsam Freiwilligkeit." In derselben Rede aber machte er deutlich, daß er Trauer und Verzweiflung weiterhin etwas entgegensetzt: „Vom Bewußtsein der eigenen Ohnmacht zum Bewußtsein der Stärke ist ein elend weiter Weg. Doch es gibt keinen anderen, wenn man auf die Zukunft nicht verzichten will."

b:e: Herr Becker, stimmt es wirklich, daß Sie in Ihren ersten sieben Lebensjahren gar nicht Deutsch, sondern Polnisch gesprochen haben?

Becker: Ja, polnisch ist meine Muttersprache. Ich bin in Lodz geboren, als Kind polnisch-sprachiger Juden. Mit zwei Jahren bin ich ins Ghetto gekommen, dann ins Lager, und erst nach dem Krieg habe ich angefangen, Deutsch zu lernen. Ich war zuletzt mit meiner Mutter im KZ Sachsenhausen – zuerst in Ravensburg – dann in Sachsenhausen. Nur ich überlebte. Mein Vater fand mich nach dem Krieg über eine amerikanische Hilfsorganisation, die UNRA hieß, und blieb dann mit mir in Berlin.

b:e: Dieser Teil in Ihrem Roman „Der Boxer" ist autobiographisch?

Becker: Im Prinzip ja. Daß ich zu dieser Sprache gekommen bin, war also sehr zufällig. Ich hätte ebenso gut auch in New York, in Rio oder in Tel Aviv landen können.

b:e: Sie haben einmal geschrieben, Sie hätten „ein ziemlich exaltiertes Verhältnis" zur deutschen Sprache.

Becker: Das habe ich bestimmt nicht geschrieben.

b:e: Doch. In der FAZ, in dem Aufsatz über Ihr Judentum. Ist die Tatsache darauf zurückzuführen, daß Sie so spät Deutsch gelernt haben?

Becker: Ich habe es vergessen. Ich würde keine Theorie daraus machen.

Einer, der mit sieben oder acht Jahren in eine fremde Sprache fällt, mit dem passiert manches Seltsame. Denn es ist ja ein Unterschied, ob jemand eine Sprache gewissermaßen mit der Muttermilch einsaugt, oder ob er sie als Achtjähriger zu erlernen anfängt, auf der Basis einer anderen Muttersprache. Diese Muttersprache „Polnisch" habe ich längst verloren, und die Fremdsprache Deutsch ist mir geblieben. Ich kann Ihnen nicht vorrechnen, welche Folgen dadurch für mich entstanden sind. Ich kann es nur vermuten. Ich glaube, daß mir so ein relativ bewußtes Verhältnis zur Sprache entstanden ist. Wenn ich mit manchen Leuten rede, und sie erzählen mir eine Geschichte, dann habe ich oft das Gefühl: nicht eigentlich sie erzählen mir die Geschichte, sondern es erzählt aus ihnen heraus. Wenn ich aber etwas erzähle, muß ich einen bestimmten Teil meiner Aufmerksamkeit auf die Produktion der fortlaufenden Worte richten. Das heißt, ich muß da immer etwas machen. Ich stehe sozusagen neben dem, der erzählt und muß aufpassen, daß er nicht vom Weg abkommt. Ich bin ständig mit irgendwelchen Satzkonstruktionen beschäftigt, die ich zu Ende bringen muß. Ich vermute, daß das meiner Sprache – ich meine nicht die Sprache, in der ich jetzt zu Ihnen spreche, sondern die, in der ich schreibe – etwas Kühles, etwas Distanziertes gibt. Aber wie gesagt, ich vermute das nur, ich weiß es nicht. Vielleicht ist Sprache daher für mich nicht so ein selbstverständliches Ding wie für manche „normale" Autoren, sondern sie hat etwas Zufälliges. Sie bleibt stets ein Problem, mit dem ich das eine Mal so fertig werde und das andere Mal anders. Und das dritte Mal vielleicht überhaupt nicht.

b:e: Es wird doch aber oft gesagt, Sie seien der geborene Geschichtenerzähler.

Becker: Es wird viel gesagt und behauptet. Ich will Ihnen dazu eine kleine Geschichte erzählen: Kürzlich bin ich mit einem polnischen Regisseur im Auto gefahren, der kein Wort Deutsch verstand. Da ich nicht Polnisch spreche, war Russisch die einzige Möglichkeit, sich zu verständigen. Aber ich kann im Prinzip auch nicht Russisch. Trotzdem habe ich dem eine halbe Stunde lang auf Russisch Witze erzählt. Und er hat reichlich gelacht, das heißt, er hat mich wohl verstanden. Oder eine andere Sache: Meine Freundin ist Amerikanerin und spricht natürlich tausendmal besser englisch als ich. Aber sie meint, ich würde Geschichten auch auf englisch besser erzählen als sie. Ich erwähne die beiden Beispiele, weil sie zeigen, daß zum Geschichten erzählen nicht unbedingt die Beherrschung einer Sprache gehört. Es ist eher eine bestimmte Haltung, auch eine bestimmte Lust.

b:e: Müssen Sie sich zwingen, um sich an die Maschine zu setzen – oder schreiben Sie mit der Hand?

Becker: Ich schreibe mit der Hand, und ich muß mich oft zwingen. So wie ich vor Jahren einen Drang zum Schreiben hatte, habe ich jetzt immer mehr einen Drang zum Nichtschreiben. Ich hatte meistens persönliche Gründe zu schreiben. Und der Adressat von Geschriebenem ist mir erst später ins Bewußtsein gekommen. Zuerst wollte ich immer mit etwas fertig werden, das in erster Linie mich anging. Der Ausgangspunkt war nie, daß ich mich in irgendwelche Auseinandersetzungen einmischen wollte, daß ich die Welt von da nach da verschieben wollte. Obwohl es der Welt guttun würde, von da nach da verschoben zu werden. Ich wundere mich immer wieder über das, was ich gestern gesagt oder geschrieben habe. Manchmal bin ich erschüttert darüber, manchmal entsetzt, manchmal gefällt es mir gut. Mitunter lese ich auch Texte von mir und habe das Gefühl, daß diese Texte intelligenter sind, als ich es bin. Daß mir bei diesen Texten etwas gelungen ist, was mir sonst nicht gelingt; was ich zum Beispiel nicht fertigbringe, wenn ich so mit Ihnen rede. Ich habe die Erfahrung gemacht, daß ich am Schreibtisch, mit einem Stift in der Hand, hartnäckiger einen Gedanken verfolgen kann als sonst. Es ist ja ein Unterschied, ob ich Ihnen einen Satz sage, dann noch einen und noch einen, bis ich keinen mehr weiß, oder ob ich einen Satz hinschreibe, ihn berichtige, mich im nächsten Satz auf diesen beziehe, ihn in eine bestimmte Korrespondenz zum vorangegangenen setze und eine Folgerichtigkeit herstelle, die mir beim Reden nicht gelingt. Ganz simpel: Am Schreibtisch, finde ich, gelingt es mir manchmal, über eine Grenze hinauszukommen. Oder anders: Manchmal kann ich am Schreibtisch etwas, was ich sonst nicht kann. Ich gefalle mir da besser als zum Beispiel jetzt, in diesem Augenblick. Das ist natürlich ein sehr privater Aspekt von schreiben, aber einer, den ich nicht missen möchte, also ein wichtiger.

b:e: Es ist nicht diese Tucholsky'sche Treppe „Sprechen – Schreiben – Schweigen"?

Becker: Weiß ich nicht. Was ich allerdings glaube ist, daß es zuviele überflüssige Bücher gibt. Bücher, die die Leser eher belästigen, als ihnen nützlich zu sein. Die aus keinem anderen Grund geschrieben werden, als einen kleinen Betrieb aufrechtzuerhalten. Wenn ich schreibe, dann muß ich sicher sein, daß es bei mir nicht so ist. Aber immer öfter kommt mir die Frage in den Sinn, woher ich denn diese Sicherheit nehme. Die Sicherheit wird manchmal verdammt klein, und das ist die Quelle, aus der die Unlust am Schreiben wächst.

b:e: Ihnen ist zuweilen von der Literaturkritik vorgeworfen worden, Sie würden zu sehr auf die Inhalte vertrauen und zuwenig Formprobleme berücksichtigen, die sich dem Schreiber im 20. Jahrhundert stellen.

Becker: Denen gebe ich natürlich nicht recht, obwohl ich keine Ahnung davon habe, welches die Formprobleme sind, die sich dem Schreiber im 20. Jahrhundert stellen. Übrigens war mir Kritik beim Schreiben nie ein sonderlich wichtiger Faktor.

b:e: Hier oder in der DDR?

Becker: In der DDR gibt es keine Literaturkritik.

b:e: Ist es aber nicht doch auch Literaturkritik, wenn dieses Land Ihnen einen Preis verleiht. Sie haben ja den Nationalpreis bekommen.

Becker: Man kann das so auslegen. Aber Sie sollten einen solchen Preis nicht so sehr für eine literarische Anerkennung halten als vielmehr für eine politische. Nicht, daß ich ihn für unwürdig hielte oder etwa empfehle, ihn abzulehnen. Aber ich weiß inzwischen, daß die DDR Preise nur an solche verleiht, mit denen sie keine Schwierigkeiten zu haben meint. Nehmen Sie zum Beispiel Heiner Müller oder Volker Braun, zwei bedeutende Autoren der DDR, wie ich finde. Zu denen glaubt sich der Staat in einem gespannten Verhältnis und hält sie deswegen, wahrscheinlich nur deswegen, nicht für würdig, geehrt zu werden. Bei mir war das offenbar anders. Mit mir meinte man, keine Probleme zu haben, so wie ich auch meinte, mit der DDR keine unlösbaren Probleme zu haben. Das ist sehr plötzlich gekommen. Jedenfalls sind die Preise, die in der DDR verliehen werden, wie ein Streicheln übers Haar, eine Art Lob fürs brave Kind.

b:e: Die haben aber doch sicher auch eine Wirkung auf den Empfänger. Man fühlt sich geehrt oder anerkannt, fühlt sich dabei wohl.

Becker: Sehen Sie sich meinen Fall an. Ich kriegte '75 den Nationalpreis, und sehen Sie, was gleich darauf passiert ist.

b:e: Da ist passiert, daß Sie aus dem Schriftstellerverband ausgetreten sind.

Becker: Nein, das war erst später, der Austritt war eine Folge dessen, was sich nach der Biermann-Ausbürgerung abgespielt hat. Ich hatte immerzu irgendwelche Parteiverfahren. Ich hatte immer irgendwelchen Streit, auch im Schriftsteller-Verband, aber es war, was mich betrifft, ein ziemliches Maß an Solidarität da. Probleme, die ich mit meiner Partei hatte, die wollte ich nur mit ihr klären. Ich dachte etwas Ähnliches wie: Das geht niemanden außer uns etwas an. Als zum Beispiel '68 die Warschauer-Pakt-Truppen in die

CSSR einmarschiert sind, gab es heftige Auseinandersetzungen im Verband, und ich brauche Ihnen nicht zu sagen, was für eine Meinung ich dazu hatte. Es wäre mir aber im Traum nicht eingefallen, mit meiner Empörung etwa zum „Spiegel“ zu laufen. Es war eine Sache, meinte ich, die nur uns betraf. Bis ich irgendwann im Laufe der Jahre den Verdacht hatte, *daß etwas unter uns klären* ein Gleichwort sein könnte für *etwas unter den Teppich kehren*. Daß diese internen Auseinandersetzungen nur eine Ventilfunktion hatten. Ich lasse Dampf ab, es geschieht nichts weiter, man gewährt mir dieses Dampfablassen.

b:e: Literatur hat aber dort doch wohl eine Wirkung, sonst wären Sie ja nicht hier in der Bundesrepublik in einem Land, von dem Sie gesagt haben, seine Freiheit zum Publizieren von Büchern habe zur Bedingung, „daß Geschriebenes nichts ausrichtet oder fast nichts, jedenfalls viel zu wenig“.

Becker: Ich bin heute noch der Meinung, daß der Literaturbetrieb im Westen – natürlich gibt es Ausnahmen – eine Angelegenheit von Eingeweihten ist. In der DDR ist das anders. In der DDR sind die Schriftsteller einflußreiche Leute, sehr viel mächtiger als hier. Deswegen sieht ihnen die Partei auch so genau auf die Finger. Deswegen werden sie auch so oft drangsaliert. Wenn das, was die Schriftsteller machen, keine Folgen hätte, müßte die Partei ja verrückt sein, sich ihnen gegenüber so unsympathisch zu verhalten.

b:e: Aber vielleicht ist die Partei ja verrückt. Weshalb schenkt sie der Literatur überhaupt so viel Beachtung?

Becker: Daß die Partei sich darum kümmert, finde ich in Ordnung. Daß die Partei sich aber ein Instrumentarium geschaffen hat, ihre Ratschlüsse mit Gewalt in die Tat umzusetzen, das finde ich nicht in Ordnung. Daß Literatur ihr wichtig genug ist, sich damit zu befassen, das ist doch gut so. Das freut mich im Grunde, denn es ist ein Indiz dafür, wie ernst Literatur genommen wird. Nur daß die Meinung der Partei gefälligst auch die der DDR-Schriftsteller zu sein hat, damit kann man wohl nicht einverstanden sein.

b:e: Gibt es denn überhaupt noch so etwas wie eine DDR-Literatur?

Becker: Was für eine Frage. Natürlich werden auch heute in der DDR Bücher veröffentlicht, die bemerkenswert und aufregend sind. Man neigt im Westen zu der Ansicht, die wichtige Literatur in der DDR sei nur die, die mit den Behörden aneinandergerät. Fühmann, Volker Braun, Günter de Breuyn, Christa Wolf, Strittmatter, Karl Mikkel – das sind schon bedeutende Autoren. Und das sind längst nicht alle. Ein wesentlicher Grund, warum der Literatur in der DDR soviel Aufmerksamkeit zuteil wird, ist folgender: Wenn Sie eine Zeitung in die Hand nehmen, dann ist Neugier überflüssig, Sie brauchen keine zu haben. Sie kennen mit den Jahren die Ansicht des Chefs, der alle Zeitungen und alle Rundfunk- und Fernsehstationen kontrolliert, und die einzige Neugier, die noch existiert, ist die, auf welchem Wege er diesmal zu seinem Ziel kommt, das Sie schon vorher kennen. Mit welchen Argumentationen er diesmal eine These unterstützt, die vorher schon bekannt ist. Literatur ist auf gewisse Weise davon ausgenommen. Literatur ist das letzte öffentliche Medium, in dem es mitunter noch kritische Auseinandersetzung mit der Gegenwart der DDR gibt. Selbstverständlich gibt es auch in Zeitungen Kritik: Daß der Geschäftsführer eines Ladens es versäumt hat, rechtzeitig eine Kiste Tomaten zu bestellen, und deswegen gibt es keine Tomaten. Über die menschlichen Schwächen wird meditiert. Aber nie wird über Fehlleistungen berichtet, die nicht an einzelnen liegen, sondern von solchen verantwortet werden müssen, die wichtige Funktionen in der DDR haben. Nie wird öffentlich erörtert, ob es nicht vielleicht solche Mängel gibt, die am System liegen. Aber fast jeder weiß ja, daß das Leben in der DDR voll von solchen Mängeln ist. Und so fällt der Literatur eine Rolle zu, die sie in einer Gesellschaft mit intakter Öffentlichkeit überhaupt nicht zu spielen brauchte.

b:e: Lassen Sie uns über Ihr Leben in der Bundesrepublik sprechen. Vor ein paar Jahren haben Sie von der Möglichkeit gesprochen, hier „Wurzeln zu fassen".

Becker: Warum muß man unbedingt Wurzeln schlagen? Warum muß man Heimatgefühle entwickeln? Ich komme mir immer noch wie in einem Provisorium vor.

b:e: Aber darin fühlen Sie sich ganz wohl?

Becker: Auch so ein Wort – „sich wohl fühlen". Hören Sie aus meiner Antwort kein Resonnieren heraus, ich beklage mich nicht. Ich lebe in einer Situation, an deren Zustandekommen ich erheblichen Anteil habe. Ich habe mir das ausgesucht, wenn auch nicht allein. Manches gefällt mir an diesem Provisorium und manches nicht. Aber so geht es ja wohl allen Leuten, ich bin da keine Ausnahme. Nehmen wir mal an, ich lebe bis an mein Ende in der Bundesrepublik. Keine sehr angenehme Vorstellung, aber immerhin eine Möglichkeit. Es ist dann wahrscheinlich, daß ich mich hier niemals so heimisch fühlen werde, wie es einmal in der DDR der Fall gewesen ist. Daß ich nie wieder solche Beziehungen zu meiner Umgebung haben werde, wie ich sie einmal hatte. Das hat bestimmt auch damit zu tun, daß ich einmal jünger gewesen bin.

Sicher sind neue Beziehungen hinzugekommen, die ich auch nicht missen möchte. So wie ich heute zu einigen Leuten in der DDR ein Verhältnis habe, das ich nicht abreißen lassen möchte, so weiß ich, daß ich genau dieses Verhältnis zu manchen in der Bundesrepublik haben werde, wenn ich je wieder in der DDR lebe. Und das wird oder würde wiederum meine Situation in der DDR komplizieren. Ich habe also kaum Aussicht, je wieder ein normaler „Ostdeutscher" zu werden. Die Chance, ein „normaler" Westdeutscher zu werden, war schon viel früher vertan.

b:e: Haben Sie, seitdem Sie hier sind, schon in Schulen gelesen?
Becker: Ja, mehrfach.

b:e: Wir möchten gerne mit Ihnen über Ihre Meinung zum Literaturunterricht sprechen, auch im Vergleich BRD-DDR. Sie wissen, bei uns wird viel darüber diskutiert, ob es in nennenswertem Maße gelingen kann, in der Schule zum Lesen anzuregen. Andererseits hat uns Stefan Heym gesagt, es gelinge der Schule in der DDR, die Schüler zum Lesen zu bringen.

Becker: Ich würde nicht meinen Kopf darauf wetten, daß diese Auskunft richtig ist. Die Behandlung von Literatur in DDR-Schulen ist nicht immer, aber oft vordergründig. Ich meine damit, daß der gesellschaftspolitische Aspekt von Texten oft so sehr in den Vordergrund gerückt wird, daß es sich eher um eine politische als um eine literarische Unterweisung handelt. Das wäre dann noch einigermaßen in Ordnung, wenn es einen umfassenden Überblick gäbe. Aber ein Großteil der Literatur, der mir übrigens wichtigste, ist von der Behandlung an DDR-Schulen ausgeschlossen.

b:e: Welche Literatur meinen Sie?

Becker: Grob gesagt tauchen im Schulunterricht drei Arten von Literatur auf: Das sogenannte klassische Erbe, dann die Literatur, die man dem Sozialistischen Realismus zurechnet, schließlich die progressiven westlichen Autoren. Alles andere ist eine Randerscheinung. Ich wage die Behauptung, daß an keiner DDR-Schule bis heute ein Text von Kafka behandelt worden ist. In den Schulen der Bundesrepublik sehe ich fast ein entgegengesetztes Problem: Literatur wird nach meiner Kenntnis zu isoliert von politischen oder ökonomischen Vorgängen betrachtet. Als wäre sie ein Ding, das mehr oder weniger zufällig neben bestimmten gesellschaftlichen Entwicklungen existiert. Trotzdem weiß ich nicht, ob da oder dort auf effektivere Weise der Wunsch zu lesen gefördert wird; das hängt wohl entscheidend von dem Lehrer ab, mit dem Kinder oder

Jugendliche es zu tun kriegen. Ich hatte einen Lehrer, der neugierig auf meine Meinung war. Damit meine ich nicht eine Neugier, zu der er sich gezwungen, die er als Attitüde angenommen hätte. Denn eine solche Attitüde ist auf Dauer nicht durchzuhalten. Es handelte sich um eine Neugier, die einfach da war, weil er fand, daß Leute originelle Wesen sind, auch kleine Leute, und daß Originalität pflegebedürftig ist. Und daß sie nicht aus dem Nichts heraus entsteht, sondern einer bestimmten Atmosphäre entspringt, die man durch Ermunterung erzeugen kann. Er hatte erkannt, wie wichtig es ist, daß Kinder eigene Ansichten artikulieren und nicht nur die des Lehrers nachplappern; denn wer keine eigenen Ansichten artikuliert, der bildet sich auch keine. Ich übersehe dabei nicht, daß Lehrer es oft mit einem Stoff zu tun haben, der nicht gerade für eine lockere und kreative Atmosphäre geeignet ist. Die müssen immer wieder sagen: Da gehört kein Komma hin! Die müssen immer wieder sagen: Menschenskind, das wird nicht mit „e", sondern mit „ä" geschrieben! Es leuchtet mir schon ein, daß es da Schwierigkeiten gibt, neugierig zu sein. Aber der Literaturunterricht hat ja auch andere Aspekte. Und zu oft sieht es da so aus, daß es für einen Schüler weniger wichtig ist, hinter die Intention eines Textes zu kommen, als dahinter, welche Meinungen sein Lehrer davon hat. Wenn er die herausfindet und, möglichst total, übernimmt, dann wird er eine gute Note bekommen, nur dann. Und genau das meine ich, wenn ich von einer lähmenden Atmosphäre vom Umgang mit Literatur spreche. Das Durchsetzen bestimmter Ansichten über ein Buch, das Bestehen darauf, daß die und die Absicht und die und die Aussage dahinterstecken, hat zur Folge, daß Schüler sich nur unter Zwang mit Literatur befassen werden. Wenn man dieser Prozedur lange genug ausgesetzt ist, dann gerät der Literaturunterricht zu einer Art Entziehungskur vom Lesen.

b:e: Ist das nicht zu idealistisch gedacht? Ich habe neulich Ihre Geschichte „Allein mit dem Anderen" mit meiner Klasse 9 gelesen. Und es ist mir dabei gegangen wie meistens: Mit einigen Schülern habe ich mich darüber gut unterhalten. Die Geschichte hat sie interessiert. Aber es gab eine ganze Reihe anderer Schüler, bei denen von Anfang an nichts zu holen war, deren Interesse gleich Null war.

Becker: Dafür habe ich volles Verständnis.

b:e: Das dachte ich mir. Sie sagen: Hier ist ein Stück Literatur. Laßt uns darüber reden. Was meint Ihr dazu? Aber das stößt bei vielen Schülern von vornherein auf eine Barriere. Die können und wollen mit Literatur, wenn sie nur ein bißchen Mühe macht, nichts zu tun haben, so sehr sich der Lehrer Mühe geben mag. Man hört von diesen Schülern auch keine Kritik, keinen Widerspruch. Man hört von ihnen überhaupt sehr wenig.

Becker: Ich finde, daß es ein wichtiger Bestandteil des guten Unterrichts ist, kein Interesse an etwas haben zu dürfen. Diese Interesselosigkeit ist ja durch Zwang nicht zu beheben. Was mit Gewalt erzwungen werden kann, das ist der Opportunismus der Schüler, niemals ihr wirkliches Interesse. Die Interesselosigkeit haben Sie zum Glück nicht im Griff, die untersteht zum Glück nicht Ihrer Entscheidung. Ich sage deswegen „zum Glück", weil die Verweigerung von Interesse mir wie eine wichtige Freiheit vorkommt, wie ein Stückchen Unabhängigkeit. Wie ein letztes Terrain, auf das man sich zurückziehen kann, wenn auch mitunter nur heimlich.

b:e: Aber trotzdem haben Sie doch wahrscheinlich den Wunsch, mit Ihren Büchern viele Leute zu erreichen.

Becker: Ja, ja. Aber die Schüler, mit denen Sie meinen Text besprechen wollten und die sich nicht dafür interessierten, die sind ja nicht erst in jener Sekunde geboren worden. Die waren bis dahin schon einem ganzen Wust an pädagogischen und anderen Maßnahmen ausgesetzt. Damit will ich nicht sagen, daß sie sich sonst unweigerlich für meinen Text interessiert hätten; ich meine nur, daß das Desinteresse kein vom Himmel gefallenes ist. Wenn Sie Schülern erlauben, anderer Meinung zu sein oder sich auch mal abzuwenden, da werden Sie sicher Probleme haben, weil manche abseits stehen werden. Aber ich prophezeie Ihnen, daß deren Zahl geringer werden wird, wenn auch vielleicht entnervend langsam. Doch eine andere Möglichkeit, an dieses Ziel zu kommen, gibt es nicht. Das Schlimmste, was Ihnen dann passieren kann, ist, daß Sie einen Teil Ihrer Schüler nicht erreichen werden. Aber diese Nicht-erreichten werden sich niemals von Ihnen vergewaltigt fühlen. Das ist gar kein so schlechtes Resultat. Die werden Interesselosigkeit gezeigt haben dürfen, ohne dafür Sanktionen ausgesetzt zu sein. Das ist dem geheuchelten Interesse vorzuziehen. Das ist vorzuziehen dem Nachplappern der von den Schülern vermuteten richtigen Antwort, die zu nichts führt, außer vielleicht zu diesem unwürdigen, etwas besseren Zensurendurchschnitt. ●

Erich Fried

„Ich gebe die Hoffnung nicht ohne weiteres auf"

Immer wieder verblüfft Erich Fried in der politischen Diskussion durch die Radikalität seiner Positionen und durch sein Engagement für Personen.

Fried ist 1921 in Wien geboren, floh 1938 nach der Besetzung Österreichs nach England. Seit 1946 lebt er in London als freier Schriftsteller. Bekannt wurde er durch Übersetzungen aus dem Englischen, Hebräischen und Griechischen und durch viele Gedichte, mit denen er in die politisch-aktuelle Diskussion eingreift.

Viele seiner politischen Äußerungen sind auf den ersten Blick widersprüchlich. Die Kritik, die er herausfordert, überschritt oft Grenzen des Erträglichen – bis hin zu dem öffentlichen Eingeständnis des Bremer CDU-Chefs, daß er Frieds Gedichte lieber verbrannt sehen möchte.

Widersprüchliches bei Fried: Für ihn gab es in Stammheim keine Selbstmorde, sondern Morde; er tritt für die Begnadigung von Hitlers Stellvertreter Hess ein, bezeichnet die gegenwärtige israelische Regierung als eine Mörderbande und hält den Kontakt zu Michael Kühnen, dem Neonazi-Oberhäuptling, aufrecht. Anlaß für diesen Fall von Ungereimtheit: Fried und Kühnen waren zusammen zu einer Talkshow von Radio Bremen eingeladen, Kühnen wurde nach öffentlichem Protest wieder ausgeladen. Fried hält dieses Vorgehen des Senders für ungut und will bei Kühnen Überzeugungsarbeit leisten.

Bei alledem: Die Glaubwürdigkeit von Erich Fried ist unbestritten, selbst wenn sein Engagement auf den ersten Blick Rätsel aufgibt.

b:e: Warum suchen Sie das Gespräch mit Michael Kühnen und welche Erfahrungen haben Sie gemacht?

Fried: Ich habe das gemacht, weil es mir unfair schien, daß das Thema Neonazis von vielen Leuten erörtert wird, ohne daß ein einziger Neonazi dabei ist. Solange diese Leute vorhanden sind, kann man sich auch anhören, was sie zu sagen haben. Angst, daß sie dabei besser abschneiden als die anderen, braucht man nur dann zu haben, wenn man sehr kleinkariert ist. Wohl gemerkt war die Mehrzahl der Leute bei der Bremer Talkshow ja gegen sie. Weiter bin ich der Meinung, daß man extreme Außenseiter in unserer Zivilisation hören und sie nicht so verteufeln soll, daß man sie gar nicht mehr anhört. Auf diese Weise ist man nicht gut über die Dinge informiert und kann sie auch nicht vernünftig bekämpfen, sondern nur unterdrücken, was nicht die beste Art der Bekämpfung ist. Außerdem hatte Michael Kühnen nicht die Chance mit seinen Ansichten, die ich für unrichtig und für objektiv schädlich halte, wirklich Schaden anzurichten, da alle anderen gegen ihn waren.

Ich war empört darüber, daß eine Einladung, die bereits öffentlich erfolgte, auf Betreiben jenes Bundeslandes zurückgenommen wurde, in dem fünf Jahre jemand meine Gedichte verbrannt sehen wollte. Bernd Neumann hat damals den Krach gegen den Neonazi hauptsächlich gemacht, um sich zu profilieren und um dem sozialdemokratischen Radio Bremen eins auszuwischen. Ich fand das schwächlich von Radio Bremen, daß es sich dazu bestimmen ließ. Die Begründung, Zwischenfälle zu vermeiden, wurde dann noch dadurch ungeheuer lächerlich, daß es zu einem inszenierten Zwischenfall kam (Radio Bremen hatte einen Schauspieler engagiert, der neonazistische Parolen in die Live-Sendung schleuderte und handgreiflich wurde).

b:e: Zurück zu Michael Kühnen.

Fried: Man hat mich gefragt, wie ich überhaupt mit so einem Menschen sprechen kann, was man miteinander gemein hat. Ich habe gesagt, gemein hat man unter anderem, daß er lacht, wenn er sich freut, daß er weint, wenn er traurig ist. Mit anderen Worten: daß er ein Mensch ist. Ich habe auch meine Nazi-Schulkameraden erwähnt und gesagt, daß – so verderblich der Nationalsozialismus gewesen ist – diese Jungen damals ihm auf den Leim gegangen waren in Österreich und der illegalen Hitlerjugend angehörten. Sie waren nicht dümmer oder schlechter als ihre jüdischen oder antifaschistischen Mitschüler. Wir hatten sehr viele Juden in der Klasse. Ich war einer von ihnen und letzten Endes habe ich gesagt: Da ich als jüdischer Junge gar nicht die Möglichkeit hatte, auf die Nazis hereinzufallen, kann ich mir wegen meiner ganz anderen Sozialisation nicht einbilden, von Haus aus ein besserer Mensch zu sein.

b:e: Wenn auch im Studio niemand der Gäste auf den Neonazi Michael Kühnen hereinfällt, ist andererseits doch zu bedenken, ob ein Millionenpublikum vor dem Fernsehschirm möglicherweise sehr viel unkritischer und undifferenzierter dessen Parolen aufnimmt.

Fried: Schon das Hereinfallen ist eigentlich mit einem, wie ich glaube, berechtigten Vorurteil geladen: Denn es heißt ja von ihm beeinflußt werden. Natürlich besteht die Möglichkeit, aber eine Demokratie muß auch darauf vertrauen, daß die vielen Leute, die ihm entgegnet hätten, auch ihren Eindruck auf das Publikum machen. Sonst nimmt man an, daß irgendwie die Anzichungskraft der Neonazis magisch sein muß und daß alles, was man entgegnet, beim Publikum verraucht wäre. Das nehme ich eigentlich nicht an.

b:e: Ich habe da meine Zweifel, wenn ich an das diesjährige Treffen der „Leibstandarte Adolf Hitler" in Bad Hersfeld denke.

Fried: Das sind keine Neonazis.

b:e: Entschuldigung, das sind alte Herren. Aber es waren sehr viele junge Nazis am Ort vorhanden.

Fried: Wahrscheinlich war auch der Michael Kühnen drunter, denn der ist ja eine Integrationsfigur der Nazis. Jedenfalls hat Herr Kühnen nach der Sendung mich angerufen und gesagt: Bitte, Herr Fried, glauben Sie nicht, daß ich gleich alle meine Ansichten zurücknehmen werde. Ich wollte Ihnen aber danken für die faire Art, wie Sie über mich und uns gesprochen haben. Es gibt mir mehr zu denken, daß ein Jude und Linker das getan hat. Er gab mir auch seine Telefonnummer. Dann haben andere micht gefragt, ob ich nicht Angst habe, daß er mich erschlägt, wenn ich ihn treffe. Ich habe gesagt: Ihr spinnt, Ihr wißt nicht, wie Menschen reagieren. Ich habe Kühnen getroffen und hatte ein langes Gespräch mit ihm und bin durchaus der Meinung, daß er völlig ehrlich ist mit seinen Ansichten, daß diese Ansichten sehr wirr sind und daß ich natürlich hoffe – und das habe ich auch gesagt –, ihn von diesen oder von einigen dieser Ansichten abzubringen. Ich hoffe, ihn einmal wieder zu treffen.

b:e: Sie schreiben politische Lyrik, Sie sind ein engagierter Linker und Antifaschist. Bei dieser Vokabel stört mich freilich, daß sie meinem Gefühl nach so sehr in die Vergangenheit weist.

Fried: Ich habe auch ein Gedicht geschrieben: *Ein Antifaschist, der nicht viel mehr ist als ein Antifaschist, ist kein Antifaschist.* Ich habe allerdings auch geschrieben: *Ein Faschist kann nicht viel mehr sein als ein Faschist, aber ein*

Antifaschist, der nicht viel mehr ist, ist vielleicht kein Antifaschist.

Ich habe natürlich die Absicht, diesen Mann auch zu beeinflussen und habe ihm das auch gesagt. Da ich ihn als Menschen mochte und er mich mochte als Menschen, habe ich keinen Einwand, ihn wieder zu treffen. Er wird mich sicher nicht zum Neonazi bekehren.

b:e: Mit dem CDU-Mann Neumann fand nach der Auseinandersetzung auch ein Gespräch statt. Was ich sagen will: Selbst da, wo Sie es mit sehr vehementen politischen Gegnern oder gar Feinden zu tun haben, sind Sie ein verblüffend auf Harmonie bedachter Mensch.

Fried: Nicht so sehr darauf, eher aber auf Humanität. Neumann hat nicht eine Bücherverbrennung vorgeschlagen, sondern er hat in der Hitze des Gefechtes, als ein sozialdemokratisches Mitglied des Bremer Stadtparlaments gesagt hat: Ich sage Ihnen was, Herr Neumann, verbrennen sie es doch gleich, da hat er gesagt, so etwas möchte ich lieber verbrannt sehen. Das ist natürlich nicht ganz so arg wie ein systematisches Programm, und er sprach auch nur von dem einen Gedicht. Deswegen habe ich Neumann zum Mißvergnügen vieler meiner Freunde in unserer Diskussion von dieser Anschuldigung verhältnismäßig leicht heruntergelassen, weil ich auch einen Gegner nicht auf etwas festnageln will, was er eigentlich nicht so gemeint hat. Hingegen habe ich ihm schwere Vorwürfe gemacht und gesagt, ich nehme ihm viel mehr übel, daß er zur Aufrechterhaltung seines Images oder aus irgend einem anderen Grund andere, falsche Sachen gesagt hat. Zum Beispiel, daß Radio Bremen und Erich Fried auf Terrorwelle schwimmen, in dem sie über Horst Mahler etwas Lobendes gesagt haben. Denn ich habe Horst Mahler dafür gelobt, daß er sich von den Lorenz-Entführern nicht freipressen ließ, weil er an individuellen Terror nicht mehr geglaubt hat und es lieber auf sich genommen hat, längere Zeit eingesperrt zu bleiben. Die Entwicklung von Horst Mahler hat gezeigt, daß meine Einschätzung richtig und die Einschätzung von Neumann falsch war. Ich habe damals gesagt, Mahler versucht auf seine Weise viel wirksamer Gegenpropaganda zu machen gegen den Nachwuchs für Baader-Meinhof als Neumann mit seinem Drauflosgehen. Außerdem habe ich ihm vorgeworfen, daß er mir einen Strick daraus drehen wollte, daß ich mich für Peter Paul Zahl einsetze für ein angebliches Mitglied des harten Kerns der Baader-Meinhof-Gruppe, während Zahl nachweislich und aktenkundig mit der Baader-Meinhof-Gruppe nichts zu tun hat. Diese Sachen sind viel ärger gewesen außer dem Blödsinn, den er sonst gesagt hat. Nämlich: man kann mich nicht mit den Bücherverbrennern auf eine Stufe stellen, denn ich tue es ja nicht aus ästhetischen Gründen, ich als Politiker enthalte mich jedes ästhetischen Urteils, sondern ich tue das aus politischen Gründen. Ich halte das für schädlich. Ich habe gesagt: Sehen Sie, auch die Bücherverbrenner der Nazis haben die Bücher nicht nur aus ästhetischen Gründen verbrannt, sondern weil sie in ihrer Verbohrtheit geglaubt haben, daß diese Bücher für Deutschland schädlich sind aus politischen Gründen. Außerdem: Wie kann man Gedichte verstehen, wenn man die ästhetische Betrachtungsweise von vornherein ausklammert – überhaupt nicht mehr. Das habe ich ihm vorgehalten. Aber das Bücherverbrennung zu einem Zentralpunkt zu machen, das war damals nicht richtig, weil das nicht so zentral gemeint war.

b:e: Das klingt von heute her gesehen, vor allen Dingen, wenn man in Zeitungsausschnitten der damaligen Zeit blättert, daß Ihre Reaktion dazu sich anhört wie: ach, halb so wild ...

Fried: Diese Anschuldigung war halb so wild. Aber: Gegen die Lehrerin vorzugehen (die ein Gedicht von Fried im Unterricht verwendet hatte – pek), das war ganz unerlaubt. Ich hätte Neumann wahrscheinlich auch gar nicht zu einer Rundfunkdiskussion herausgefordert, sondern hätte gedacht, soll ihn der Teufel holen oder das soll er mit seinem eigenen Gewissen ausmachen, wenn nicht die Lehrerin in Gefahr gewesen wäre, gegen die er vorgegangen ist. Deshalb habe ich ihn herausgefordert. Außerdem ist er ein ehrgeiziger und dümmlicher Politiker und als solcher gefährlich, aber kein Teufel in Menschengestalt.

b:e: In Bayern sind Sie mit einem Gedicht aus einem Lesebuch herausgeflogen. Wie interpretieren Sie das?

Fried: Da gibt es zwei Geschichten, die beide mit Erziehung zu tun haben. Einmal hat Herr Maier Gedichte von Biermann, von mir, von Wallraff und eine Prosageschichte von dem Hamburger Autor Hubert Fichte herausgeschmissen – wie er gesagt hat: Alles nur aus Qualitätsgründen. Diese Erklärung hat ihm aber nicht einmal die FAZ abgenommen, die nicht gerade linksradikal ist dieser Tage, auch nicht die ZEIT. In der ZEIT hat ein alter Schulbuchsachverständiger, Herr Bödecker, einen Artikel dagegen geschrieben, worauf Herr Maier gesagt hat, er versteht überhaupt nicht, was Bödecker will, denn von ihm ist doch noch ein Beitrag in dem Schulbuch drin und nicht herausgeflogen. Daß man auch aus Gewissensgründen und aus Solidarität mit anderen Leuten etwas sagen kann, wo man selbst nicht direkt betroffen ist, das scheint Herrn Maier nicht aufgefallen zu sein. Was mich bei einem hervorragenden CSU-Funktionär auch gar nicht wundert, denn das ist eine sehr komische Partei.

b:e: Sie sind schon gleich wieder bei der politischen Analyse des Sachverhalts. Was sagt Fried als Schriftsteller dazu? Sie haben Gedichte geschrieben, damit sie auch von Jugendlichen gelesen werden. Sie waren mit einem Gedicht in einem Schulbuch vertreten und sind gleichsam aus der Schule wieder rausgeflogen.

Fried: Ja, ich habe mich natürlich darüber geärgert. Ich fand es antidemokratisch.

b:e: Noch einmal zurück zu den Neonazis und zu Michael Kühnen. Welche Erfahrungen haben Sie in den Gesprächen gemacht?

Fried: Die Gruppe von diesem Neonazi, von dem ich gesprochen habe, untersagt ihren Mitgliedern Hakenkreuzschmierereien auf Gräbern und auch auf Gotteshäusern. Bei Synagogen ist allerdings der Teil der Synagoge, der nicht Gotteshaus ist, sondern Versammlungsraum, ausgenommen. Dort dürfen sie etwas auf die Wand schmieren.

b:e: Verharmlosen Sie da nicht? Ich habe gesammelt, in welchem Umfang neonazistische Organisationen, auch über die berüchtigte Wehrsportgruppe Hoffmann hinaus, gemordet haben. Man denke nur an die Anschläge auf Asylantenheime. Und Sie meinen, das geht nicht auf das Konto von Michael Kühnen und der Leute, die um ihn herum sind?

Fried: Nein. Die Neonazis sind verschiedene Gruppen. Ich weiß zum Beispiel von diesem Neonazi, daß er sich gegen Gehässigkeit gegen Türken, besonders gegen türkische Kinder, seitens seiner Gesinnungsgenossen gewehrt hat. Das weiß ich nicht von ihm, sondern von jemandem Dritten, der selbst ein Antifaschist ist. Ich würde mich wahrscheinlich mit einem neofaschistischen Schläger sehr viel weniger freundlich unterhalten als mit diesem Mann. Es gibt Neonazis, die eine Ideologie drauf haben, mit der sie unter Hitler erschossen worden wären und die das auch wissen, weil sie sich auf den radikalen linken Flügel der SA stützen plus Strasser, plus Mussolinis Versuch, den Faschismus nach links umzudrehen. Die Leute sind der Meinung, daß die einzigen Leute in Lateinamerika, die das Recht hätten, sich in ihrem Sinne Faschisten zu nennen, die Peronistas, die Monteneros sind, während die Herren von Chile und El Salvador mörderische Großgrundbesitzer sind, die ihr Volk ausbeuten wollen, eine Militärdiktatur und Terrorherrschaft eingerichtet haben, die sich mit faschistischen Phrasen ausstaffieren. Diese Leute denken außerdem, daß die Hauptgefahr für Deutschland ist, daß die Amerikaner Europa und Deutschland bei einem Krieg in die Luft jagen wollen zur Vergrößerung ihrer Herrschaft auf Erden und die deswegen amerikanische Militärfahrzeuge und Installationen angreifen. Das sind Leute, die sich wenigstens subjektiv als soziale Revolutionäre verstehen. Ich halte es natürlich für völlig querköpfig und meine, daß sie ihr Ziel, einen Sozialismus der Tat, nie durchsetzen können, was schon die SA nicht konnte. Aber die wissen, daß das nicht mit der nationalsozialistischen Praxis übereinstimmt. Ich gebe die Hoffnung nicht ohne weiteres auf, Leute, die so denken, von ihrem Faschismus wegzukriegen. Ich bin außerdem dafür, daß Leute, die in die Junge Union gehen, dies aus Karrieregründen tun. Leute, die zu den Neonazis gehen, tun dies im allgemeinen nicht aus Karrieregründen. Wenn sie dies nicht gerade tun, um Leute zusammenzuschlagen, was keineswegs die Motivierung bei allen ist, dann sind das Gründe, die mindestens die Hoffnung zulassen, daß man sie von dem Quatsch abbringen kann.

b:e: Dazu ist die Voraussetzung auch das Gespräch, das eigentlich wenige Leute suchen. Viele Lehrer haben heute das Problem, daß in ihren Schulklassen junge Leute sitzen, die sich ganz offen zu neonazistischen Parolen bekennen.

Fried: Wenn diese Schüler spüren, daß der betreffende Lehrer sie gerne mag und ihnen sich auch zuwendet und die Probleme der Schüler versteht, dann hat dieser Lehrer wahrscheinlich einen gar nicht so geringen Einfluß. Ich habe gesehen, wie unser sozialistischer Klassenlehrer am Gymnasium unter Hitler auf unsere Nazischüler Einfluß hatte, weil er ein verdammt guter Pädagoge war. Er hat dann Nazischüler, zum Beispiel unseren Hitlerjungen und mich zusammen zu einer Ruderpartie eingeladen und dann hat dieser Nazijunge angefangen und gesagt, ich habe immer wieder gehofft, Herr Professor, wenn wir erst mal an der Macht sind, dann werden Sie vielleicht auch zu uns rüberkommen. Darauf hat er lächelnd gesagt: Glauben Sie das immer noch? Darauf sagte er, eigentlich nicht. Es gibt auch ein paar Sachen, die mir gar nicht mehr gefallen. Der Lehrer hat mit den Schülern gar nicht politisch diskutiert, sondern er hat nur Verständnis und Fairneß für die Probleme der Jungen gehabt und kritisches Denken praktiziert. Dafür waren viele dankbar, auch die Nazis. Ich kann Ihnen nicht alles sagen, was mir Michael Kühnen gesagt hat, sonst kriegt er von seinen eigenen Genossen Schwierigkeiten. Und wenn ich sage, ich hoffe ihn zu beeinflussen, so habe ich ihm natürlich ganz konkrete Vorschläge gemacht.

b:e: Woher nehmen Sie die Hoffnungen?

Fried: Ich halte Michael Kühnen für einen völlig ehrlichen Mann. Ich glaube außerdem, daß er unfair behandelt worden ist. Dies habe ich schon in der Frankfurter Rundschau geschrieben, bevor ich ihn getroffen habe. So obszön Naziliteratur ist und so grausig die illegale Naziliteratur ist, so wenig ich dafür übrig habe, da meine halbe Familie von den Nazis vernichtet wurde: Ich finde es überhaupt fragwürdig, ob man so etwas durch Verbote am besten bekämpft. Daß man aber einen 22jährigen Mann zu vier Jahren verurteilt, weil er etwas vorbereitet hat, finde ich sehr hart, viel zu hart. Ich glaube nicht, daß er vier Jahre dafür gekriegt hätte, wenn nicht zwei andere Anschuldigungen gegen ihn, die nicht gestimmt haben, von denen er freigesprochen wurde, von der Justiz, wie es oft geschieht, auf die eine Sache, die dann stehenbleibt, drauf gepackt worden wären.

b:e: Sie werden öffentlich von links und rechts für Ihre Stellungnahmen und für Ihr Engagement beschimpft. Die differenzierten Äußerungen zu Michael Kühnen sind ein weiterer Punkt in diesem Zusammenhang.

Fried: Es gibt Sprecher jüdischer Gemeinden, die mich wegen meines Buches „Ein Soldat und ein Mädchen" einen schlecht getarnten Nazi genannt haben – bevor ich gegen den Zionismus Stellung genommen habe. Man kann in der Bundesrepublik Deutschland, wenn man sich öffentlich und einigermaßen radikal zu den Dingen äußert, die heikel sind, nicht auf eine gerechte Beurteilung rechnen. Das weiß ich.

b:e: Wenn Lehrer mit ihren Schülern im Unterricht Gedichte von Ihnen besprechen, dann kommt von Schülern oft die ganz schlichte Frage: Warum sind denn das Gedichte, die Fried schreibt? Warum nennen Sie dies ein Gedicht und nicht ein Epigramm oder Kurztext oder Aphorismus?

Fried: Die selben Fragen würden Sie bei vielen Gedichten von Brecht, besonders bei den ungereimten, ebenfalls stellen. Bei den gereimten nicht. Der herkömmliche Begriff von Gedichten im Deutschen, besonders bei Schülern und bei Leuten, die wenig Erfahrung damit haben, läuft auf Reime hinaus. Das gereimte und ganz regelmäßig geformte Gedicht entspricht der Vorstellung. Es liegt mir wenig daran, ob ich die Grenze zum epigrammatischen oder aphoristischen darin überschreite. Wenn mir Leute diese Frage stellen, was sehr oft geschieht, dann zeige ich ihnen, wie wenig es möglich wäre, durch eine Linearversion dasselbe zu transportieren wie durch den Verstext. Aber das kann man nicht allgemein, das kann man nur im einzelnen Gedicht festmachen. Wenn ich zum Beispiel ein Gedicht geschrieben habe:

„Wer will, daß die Welt so bleibt wie sie ist, der will nicht, daß sie bleibt." Das ist natürlich ein aphoristisches Gedicht.

b:e: Haben Sie eben zufällig mit Ihren Fingern auf den Wirtshaustisch geklopft oder war das ein Rhythmus, den Sie betont haben?

Fried: (Noch einmal klopfend) *„Wer will, daß die Welt so bleibt, wie sie ist, der will nicht, daß sie bleibt."* Das ist der Rhythmus von diesem Gedicht. Der Rhythmus stimmt mit dem Sinnakzent des Satzes stark überein, er gehört mit zu der Form einer gebundenen Rede, die nicht von außen gebunden ist, sondern die sich ihre eigene Bindung von innen herstellt. Wenn man dies in einem langen Satz auflöst, so würde dieses: *„bleibt wie sie ist und will nicht, daß sie bleibt"* – dieser Gegensatz würde die Schärfe verlieren. Deshalb ist dies eine dichterisch zusammengefaßte Form. Außerdem verstecken sich in vielen dieser Formen, die ich gemacht habe hinter der scheinbar aufgelösten Versform klassische, antike Versmaße.

b:e: Ich habe gelesen, Sie übersetzen auch aus dem Altgriechischen.

Fried: Gelegentlich. Ich übersetze lieber aus dem Englischen. Ich habe viel von meinem Griechischen verloren und mußte, als ich anfing, es zu tun, mit Hilfe einer Kladde wie ein schlechter Schüler meine Griechischkenntnisse überprüfen. Ich kam aber dann wieder rein.

b:e: Beim Griechisch-Unterricht in der Schule bleibt häufig nur „Andra moi ennepe ..." hängen und das ist ein bißchen wenig. Wenn man Ihre Gedichte laut liest und sich dem Klang der Worte öffnet, spürt man den Rhythmus.

Fried: Es gibt Anklänge gelegentlich an sapphische und andere Verse.

b:e: Sind das bewußte Anklänge?

Fried: Bewußte. Allerdings halte ich es dann nicht streng, nicht einmal Shakespeare hat im vorgerückten Alter seine Verse streng genommen.

b:e: Gibt es für Sie den Widerspruch zwischen Form und Inhalt? Versuchen Sie den Rhythmus eines Satzes, einer Aussage in eine Spannung zum Versmaß zu bringen?

Fried: Manchmal wird etwas kontrapunktlich gemacht, wo etwas dargestellt wird, wie etwas fällt, daß dann die Zeile auch fällt. Ein wichtiges Mittel bei mir sind die ernsthaften Wortspiele.

b:e: Sie haben dem Sinn nach gesagt, Sie wollen in England leben, weil Sie nicht möchten, daß Ihre Kinder in eine deutsche Schule gehen. Haben Sie eine Meinung von deutschen Schulen?

Fried: Das habe ich damals gesagt. Ich halte gar nicht so viel von den englischen Schulen, sondern ich fand nur, daß dieses Punktesystem für das Abitur ziemlich schlimm ist. Ich war dagegen. Ich habe gesagt, ich würde es meinen Kindern nicht antun wollen. Allgemeine Vorurteile gegen deutsche Schulen habe ich nicht, ich glaube nicht, daß die Bundesrepublik ein schlechteres Land als England ist. Ich glaube, die Bundesrepublik hat ein besseres Wahlsystem als England. Die Deutschen halten sich nicht mit der selben Selbstverständlichkeit für Herrenmenschen, wie dies die Engländer tun, in aller Stille. Den Deutschen mußte es Hitler einreden, daß sie Herrenmenschen sind, den Engländern muß es niemand sagen, weil sie davon überzeugt sind. Das Verhalten der Bevölkerung im Falklandkrieg hat es wieder auf entsetzlichste Art gezeigt.

b:e: Welche Erfahrungen haben Sie bei Lesungen in Schulen gesammelt?

Fried: Ich war auch in bayerischen Schulen. Nach dem meine Bücher verboten waren, nachdem meine Gedichte herausgeflogen sind, haben mich bayerische Schulleiter, wo immer sie sich das leisten konnten, eingeladen.

b:e: Wie erleben Sie Lehrer und Schüler?

Fried: Im allgemeinen ist die Atmosphäre doch autoritärer als in England. Andererseits gibt es Schülerkörperschaften und Mitsprache, Schülersprecher und so weiter in einem Maße, wie es das in England nicht gibt. Da die Engländer das Gefühl haben, immer auf Seiten der Demokratie gewesen zu sein, können sie sich das Weiterbestehenlassen von veralteten Riten zum Beispiel auch das Recht in der Schule, die Kinder zu prügeln, leisten – was bei uns nicht geht. Unlängst hat mich ein CDU-Schulleiter an seine Schule eingeladen, in der Nähe des Bodensees. Ich sollte dort einen Vortrag halten, weil dort Vorträge geplant waren über die Pflicht zum Gehorsam und ich habe einen Vortrag halten sollen über die Pflicht zum Ungehorsam und habe Gedichte von mir vorgelesen. Ich fand Schüler und Schulleitung ungemein aufgeschlossen. Ich glaube aber nicht, daß die CDU diesem Mann großen Vorschub geleistet hat. Er hat sich auch bemüht, auf dem Weg über Filbinger seinerzeit, noch etwas dagegen zu tun, daß meine Verse aus dem Schullesebuch herausfliegen. Natürlich ist diese Bemühung vergeblich geblieben. ●

Zeitkritiker

Heinrich Albertz

„Meine ganz große Hoffnung: Die amerikanische Friedensbewegung“

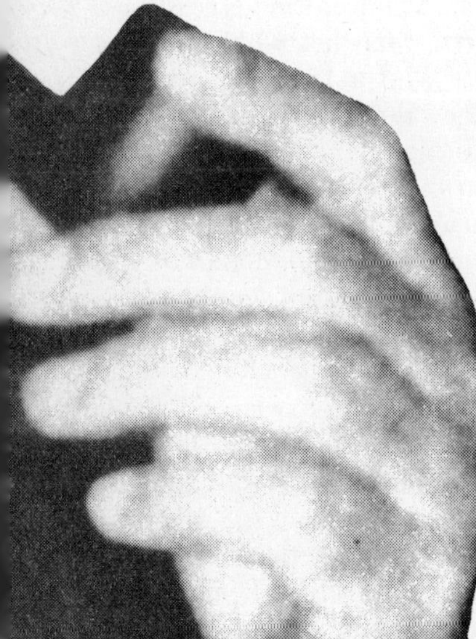

Das Adjektiv „glaubwürdig“ fällt einem ein, wenn man an Heinrich Albertz denkt. Als Regierender Bürgermeister von Berlin hat er sich öffentlich zu Fehlern und Fehleinschätzungen bekannt. Der engagierte Pastor zählt zu den führenden Köpfen der Friedensbewegung.

b:e: Wir haben ein Zitat gefunden: „Unsere Schulen, der Zukunft zugewandt, bleiben ein Prüfstein unserer demokratischen Gesinnung." Erinnern Sie sich noch?

Albertz: Nein.

b:e: Das war aus Ihrer Regierungserklärung vom 13. April 1967, aus dem zustimmungspflichtigen Teil.

Albertz: Das war dann die Pflichtübung für die Schule in so einer Regierungserklärung.

b:e: Aber wenn dieser Satz gilt: Wie sehen Sie das Klima in den Kollegien, die Angst junger Lehrer, sich politisch zu verhalten?

Albertz: Alles, was ich über die jetzige Schule zu sagen wage, sehe ich aus einer verhältnismäßig großen Entfernung. Ich bin mir nicht ganz sicher, ob ich das beurteilen kann. Eigentlich habe ich nur noch Verbindung dadurch, daß ich eine Menge Lehrer kenne, junge Lehrer vor allem, in den verschiedenen politischen Aktivitäten, die unsereiner betreibt. Und dann habe ich Enkelkinder. Die haben wieder Eltern und von denen hört man dann so einiges.

b:e: Wie ist das bei den jungen Kollegen, die Sie aus Ihrer politischen Arbeit kennen?

Albertz: Es ist ein subjektiver Eindruck von mir: Sie sind tief enttäuscht oder belastet dadurch, daß alle Reformversuche der 60er Jahre nun wieder in einer geradezu hypertrophen Verwaltungsmaschinerie versandet sind. Die großen Versuche, in jedem Sinne groß, und die dazugehörigen Bauten aus dem 70er Jahren und alles, was da herum ist, das mutet schon an wie ein Kafka'sches Schloß. Es ist fast unmöglich geworden, daß Lehrer Menschen bleiben können und junge Menschen zu sogenannten erwachsenen Menschen bilden können. Sie sind wirklich, um das Wort auch zu gebrauchen, in jedem Sinne frustriert. Und das ist unabhängig davon, zu welcher parteipolitischen Couleur ihre jeweilige Schulverwaltung gehört.

b:e: Die äußere Schulreform war sehr notwendig, darüber wurde aber die innere Schulreform vergessen.

Albertz: Man hat wohl eben auch nicht den Mut aufgebracht, die Freiheit zu gewähren, in der solche äußeren Reformen dann auch wieder nach innen strahlen können. Das ist doch wohl ein Widerspruch in sich, so etwas zu versuchen, ohne daß man da nicht doch die, die Lehrer sein sollen, an einer verhältnismäßig langen Leine führt. Die Kinder, die ich in der Familie habe, sind schon wieder auf dem Trip, daß dort in der Schule nur Wissen vermittelt wird, und zwar zum Teil abstruses Wissen.

b:e: Merkwürdigerweise kam diese Entwicklung zu dem gleichen Zeitpunkt wie der Ministerpräsidentenbeschluß über die Radikalen. Politisch Verantwortliche haben sich in der 60er Jahren bemüht, Vorschriften abzuschaffen und das in die pädagogische Verantwortung der Schule zu geben. Damals sollte gewährleistet sein, daß Lehrer nicht wie Sheriffs auf den Toiletten herumschlichen, sondern zum Beispiel die Schädlichkeit des Rauchens pädagogisch thematisieren. Seit Anfang der 70er Jahre, mit dem Beginn der Berufsverbote, ging eine merkwürdige Gegenbewegung los, die zu einer immer stärkeren Reglementierung führte bis hin zu dem Berliner Erlaß, daß eine Unterrichtseinheit – an einer Schule entwickelt – nicht ohne Zustimmung des zuständigen Senators weitergegeben werden durfte.

Albertz: Ich will noch an einem anderen Beispiel deutlich machen, was ich meine. Wir haben Gott sei Dank in West-Berlin durchgehalten, daß die Christenlehre oder wie immer man das nennt, kein staatliches Lehrfach ist – mit aller Problematik dieser Frage. Heute ist es weitgehend so, und solche Klassen und Unterrichtsgruppen habe ich häufig besucht, daß dieser Bereich der einzige Raum in der Schule ist, in dem nicht benotet wird, der nicht nur eine Erholungsstunde ist (das war das früher übrigens weitgehend so in Religion), sondern daß dies ein Ort ist, an dem Schüler bestimmte Dinge erleben, die anderswo ganz unmöglich sind. Das ist ja wie bei Pharao, ich sehe immer den Joseph vor mir stehen, wenn er die Säcke zählt – mit diesen irrsinnigen Benotungen, an denen dann so etwas Idiotisches herauskommt, daß die angeblich intelligenteste Elite unseres Volkes Zahnarzt werden darf, also einen Klempnerberuf ausübt, aber in Wirklichkeit Millionär werden will. Das ist alles so pervertiert, das stinkt mir so fürchterlich, daß ich sage: In meinem alten preußischen Gymnasium humanistischer Prägung in Breslau, das natürlich auch König-Wilhelm-Gymnasium hieß, habe ich mehr Freiheit und Liberalität erlebt als es meine Enkelkinder hier in einem sogenannten reformierten Mittelstufenzentrum oder Oberstufenzentrum erleben. Ich bin tief betroffen davon, wie traurig und bedrückt mir in der Regel Lehrer begegnen, die doch eigentlich den schönsten Beruf der Welt haben – nach dem Pfarrer natürlich.

b:e: Die Lehrer leiden unter ihrer Situation, der Spaß mit Kindern umzugehen, wird weitgehend bekämpft und durch Erlasse und Lehrpläne erschlagen.

Albertz: Gerade deswegen ist der vorhin zitierte Satz aus der Regierungserklärung richtig.

b:e: Wenn man sich die thematischen Veränderungen seit 1967 anschaut, dann ist der Umgang in den

Schulen insgesamt nicht demokratischer geworden, wenn man dieses Vokabel überhaupt benutzen will.

Albertz: Wobei die eigentliche Wende Anfang der 70er Jahre ist. Da wurde begonnen handzuverlesen: Lehrer die in Baden-Württemberg und Bayern studiert hatten, wurden bevorzugt eingestellt hier in Berlin, Berliner Lehrer mußten nach Westdeutschland gehen.

b:e: Sie schreiben in Ihrem Buch den Satz von der Kehrtwendung in Ihren Verhaltensweisen. Sie beschreiben einen Prozeß des Umdenkens und den Konsequenzen daraus. War der 2. Juni 1967 der Wendepunkt?

Albertz: Sicher ist, daß ich in den Jahren 67/68 einen entscheidenen Lernprozeß an mir erfahren habe – mit vielen Ingredienzien, sehr bitteren und sehr positiven wichtigen Erfahrungen. Das kann man nicht nur an einem Datum festmachen. Natürlich ist der 2. Juni mit dem Tod dieses Studenten ein ganz schlimmer Tag in meinem Leben, auch wenn formal überhaupt keine Verantwortung dafür da ist. Heute würde man das rein formal beantworten. Es wird ja auch gar nicht mehr untersucht, wenn so etwas in Berlin passiert ist. Das Entscheidende war, daß ich nach dem 2. Juni, in dem für mich ganz wichtigen Sommer 1967, mit Hilfe einiger Freunde, aber auch durch eigene Bemühungen plötzlich kapiert habe, aus welchen Motiven damals junge Leute in die Konfrontation mit den herrschenden Gewalten, mit dem, was sie Establishment nannten, gingen. Das hatte ich vorher völlig falsch eingeschätzt. Da kann man auch lange darüber philosophieren: warum. Es ist ja eine Legende, die immer noch im Bewußtsein von vielen ist, daß ich erst nach dem Ausscheiden aus dem Amt diese Erfahrung gemacht hätte. Nein, das war, als ich noch im Amt war und das war sogar der eigentliche Grund dafür, warum es plötzlich nicht mehr weiterging im Abgeordnetenhaus und in meiner eigenen Fraktion, eine sehr behutsame Wendung einzuleiten. Bei der breiten Mehrheit des Hauses war fassungsloses Unverständnis festzustellen. Dazu gehört eben auch eine Formel, die viel später eine Rolle gespielt hat, eine Erkenntnis nämlich, daß es eine grobe Fehleinschätzung ist, daß nur ein starker Staat ein liberaler Staat sein könnte. Es ist umgekehrt. Und dann kommt der berühmte Satz, bei dem ein Teil der SPD-Fraktion unter Protest und Lachen die Sitzung des Abgeordnetenhauses verließ, als ich sagte: „Ich habe gelernt: als ich glaubte ich sei am stärksten, daß ich da am schwächsten war." Dieser Lernprozeß hat sich über viele Jahre hingezogen und hat eben auch zu den bekannten Konsequenzen geführt.

b:e: Es kam dann zu der bekannten

Kundgebung am Ostermontag 1968 nach dem Attentat auf Rudi Dutschke. Können Sie beschreiben, welche Ängste Sie da bedrückt haben?

Albertz: Das war die schlichte Angst. Ich habe mich mit offener Brust hingestellt und etwas von diesem Lernprozeß gesagt. Mir war völlig klar, daß das für beide Seiten, für die jungen Leute, die da standen, wie für das Establishment als Überlaufen interpretiert werden könnte. Die Angst war die, ob die das überhaupt abnehmen, wie sie es aufnehmen, die da vor mir standen. Es hätte ja ebenso gut ein furchtbares Geschrei geben können.

b:e: Warum ist es dazu nicht gekommen?

Albertz: Ich weiß es eben nicht. Es war nach einer kurzen Anfangsturbulenz still wie in einer Kirche. Hinterher ein ganz großer Beifall. Das ist rational gesehen schwer zu erklären. Es lag eine Erfahrung in actu vor, die hatten wohl mitgekriegt, daß das wohl mehr war, dieser Rücktritt als nur so ein Scheitern oder etwas Ähnliches. Wir hatten die Pro-Vietnam-Demonstration im Februar 1968. Da hatte ich die erste Begegnung mit den Führern der Rebellion, da habe ich auch das erste Mal nach der ganzen Geschichte den Rudi Dutschke am Tisch gehabt, in der Nacht, im Haus der Evangelischen Kirchenleitung. Wir haben beraten, wie wir die Demonstration retten und schreckliches Unheil vermeiden können. Für die andere Seite, für das Rathaus, war das ein Überlaufen. In der „ZEIT" stand dann meine Rede direkt neben einer Rede, die der damalige Bundespräsident Gustav Heinemann gehalten hatte, die sich fast bis in die Formulierungen hinein deckten, ohne daß wir hierzu irgendein Wort miteinander geredet hatten. Trotz dieser Flankendeckung war nichts mehr zu halten. Es gibt nicht Schlimmeres, als so etwas öffentlich zu machen. Das ist eben mehr, als sich hinzustellen wie Helmut Schmidt vorm jüngsten Parteitag der SPD in München, der da sagte: „Ich habe natürlich auch Fehler gemacht." Aber das haben die Genossen ja schon erkannt.

Aber noch einmal zum 2. Juni. Der Rücktritt hat mit dem 2. Juni praktisch überhaupt nichts zu tun. Der Rücktritt war eine Kraftprobe zwischen der Fraktion, der Partei und mir. Da spielten ganz andere Dinge hinein, von großer Politik, das heißt von unseren Vorstellungen über die Wende in ein neues Verhältnis gegenüber dem Ostblock bis hin zu so lächerlichen Fragen, die aber den Leuten hier unglaublich unter die Haut gehen, ob man die hypertrophen Bezirksverwaltungen in Berlin nicht ein bißchen anders organisieren könnte. Da ging es nämlich an die Pfründe. Mein Nachfolger Klaus Schütz hat mir einmal ganz schlicht gesagt: „Du bist wohl wahnsinnig, an einen solchen Verbund, wie die berühmten 99 Stadträte heranzugehen, diese Stellen brauchen wir doch, um die Partei zu regieren." Deutlicher kann man es nicht sagen.

b:e: Wer war, politisch und sozial, die APO? Wer ist die neue soziale Bewegung, wer sind die Alternativen, die ökologisch orientierten Leute, die Friedensbewegung?

Albertz: Was mir auffällt: Was diese Generation 1967/68 machte, war doch fast ausschließlich eine akademische Rebellion. Ich habe kaum jemanden gesehen, der nicht studierte oder nicht studiert hätte oder noch Schüler war, aber auf höheren Schulen. Die Bewertung ist sehr schwierig, weil sie an etwas glaubten, was nur eine Theorie war. Es war aber gleichzeitig politischer und unpolitischer. Politischer, weil es eben theoretisch bestimmte Vorstellungen mit einschloß – die beiden großen Namen, die hierhergehören: Marcuse und Adorno. Und dann wieder in einer ganz anderen Weise so jemand wie Gollwitzer. Unpolitischer, weil es sich praktisch, obwohl auf der Straße, im luftleeren Raum abspielte. Und deswegen war nun diese Bewegung auch wirklich zum Scheitern verurteilt. Wenn ich mir heute die jüngeren Leute in alternativen Bewegungen ansehe – ÖKO und Frieden und Hausbesetzer – dann sind das Leute, die mit der Theorie ja nicht so schrecklich viel im Sinn haben. Ich nehme an, der größte Teil wird von ihnen von Karl Marx so viel gelesen haben wie ich, nämlich so gut wie gar nichts. Die sind wirklich sehr viel näher an der Wirklichkeiten dran. Und damit haben sie auch eine sehr viel größere Chance, politisch wirksam zu werden. Es gibt ein schönes Buch über Pfarrerskinder. Da schreibt ein Sohn eines Pfarrers etwas ironisch über seinen Vater: „Wenn man seine Bibliothek sah, wurde man traurig, denn alles Wichtige fehlte. Mein Vater, war in dem Sinn also eigentlich nicht voll gebildet. Aber das war wahrscheinlich der Grund, warum er sowohl bei den Nazis wie später immer einen sehr steifen Rükken gehabt hat und wußte, was er wollte."

Ich weiß, in welche Nähe ich jetzt komme, nämlich in die Nähe des berühmten Satzes, der da aufhört: „Eigentlich sollten nur die Theologen noch lesen und schreiben lernen. Man soll das Volk überhaupt nicht bilden". Dieses meine ich nicht. Aber ich meine, daß es hoch interessant ist, was ein Defizit oder eine Überbewertung langer theoretischer Streite zu tun hat mit einer Nähe zu den tatsächlichen Fragen, die uns bewegen. Insoweit ist das eine ganz andere Welt.

Ich habe die Situation 1967/68 eigentlich erst im Absteigen unmittelbar erlebt. In den Quartieren der Opposition bin ich erst nach 1968 langsam heimisch geworden, aufgenommen worden, habe mit ihnen vertrauensvoll reden können, habe viele von denen als junge Kollegen gehabt. Ich bin heute von der praktischen Art, dieser Art von gewissem Widerstand gegen die Mehrheit der Gesellschaft, immer von neuem beeindruckt. Man mag darüber denken wie man will: So eine Sache, wie die Netzwerk-Selbsthilfe wäre 67/68 unmöglich gewesen. Sie ist auch jetzt noch furchtbar schwierig. Es ist bekannt, daß da auch Fraktionen am Werke sind, daß da immer auch sehr gestritten wird. Aber letzten Endes haben die da etwas hingestellt. Das ist heute das heimliche zweite Rathaus von West-Berlin. Das war damals ganz anders. Und es sind ohne jeden Zweifel bei den vielen jungen Menschen, die ich immer wieder sehe, eine große Zahl von Leuten, die nicht von den hohen Schulen kommen.

b:e: Wo liegt eigentlich die Antwort auf die Frage, warum solche Leute wie Heinrich Albertz, Kurt Scharf oder Helmut Gollwitzer sich sowohl der ersten Protestbewegung als auch der zweiten Protestbewegung verdeutlichen konnten?

Albertz: Bei der ersten war das sehr viel schwieriger.

b:e: Bei Ihnen nach dem Lernprozeß, bei Gollwitzer von Anfang an. Das Überraschende ist ja, daß es diese Kontinuität bei zwei höchst unterschiedlich beschaffenen Bewegungen, was die soziologische Zusammensetzung, die Inhaltlichkeit, die Theoriehaltigkeit betrifft, daß es da ein Kontinuum gibt und dieses Kontinuum läßt sich an Namen festmachen. Es gibt ja auch eine Menge Leute in der Alternativbewegung, diejenigen, die also nicht nur chinesisch kochen, aus der APO-Generation, die etablierten Professoren, die da ein Stück mitmachen, aber nicht mehr als Vorsänger, sondern es sind die alten Männer, die ein Stück Kontinuität zwischen diesen Leuten der Bewegung damals und heute hergestellt haben. Das ist rational nicht voll erklärbar.

Albertz: Ich weiß es auch nicht. Es ist wohl tatsächlich die Erfahrung, daß da Leute sind, die sagen, was sie meinen, und dann auch tun, was sie sagen, und sagen, was sie tun, und auf die man sich auf etwas altväterliche Weise verlassen kann. Eine große Rolle spielt dabei, daß keiner der Genannten – es sind ja auch noch andere, die wir jetzt nicht genannt haben wie Heinrich Böll oder wie der verstorbene Fritz Eberhard, daß die sich nicht angebiedert haben. Wir haben denen auch vieles gesagt, was sie überhaupt nicht hören wollten. Und: Daß sich keiner von denen äußerlich angepaßt hat.

Dieser Tage haben wir beim Wein

hier darüber geredet: Wir gehen zu solchen Veranstaltungen immer mit 'nem Schlips, bürgerlich gekleidet. Dabei ist das eine ganz lächerliche Äußerlichkeit, die es auch bei anderen Formen gibt, die man zu wahren versucht. Ich bin auch nicht dafür, jeden Menschen zu duzen, ich duze sehr viele, aber ich finde es sehr komisch, wenn mich jemand duzt, ohne daß ich es freigegeben habe.

Ich halte diese Art von Kameraderie, wo man dann nicht einmal mehr den Nachnamen kennt, nicht für der Weisheit letzter Schluß. Und daß der Rektor einer Hochschule mit Karl angeredet wird, halte ich nicht für gut. Das sind Äußerlichkeiten, aber das spielt auch eine Rolle. Es hat eine Menge anderer Leute gegeben, die haben für sich ein solches Mimikry vollzogen, daß sie gar nicht mehr zu erkennen waren.

b:e: Nicht anbiedern o.k. Aber das sind Äußerlichkeiten.

Albertz: Auf der Höhe des Berufsverbotes habe ich mir sicher diese Vertrauensbasis einfach dadurch fast unzerstörbar gemacht, daß die jungen Leute, mit denen ich zu tun hatte, erlebt haben: Sie haben in der Gemeinde Schlachtensee, in der ich damals Pfarrer war, in jedem Sinn, auch im wörtlichen Sinn, einen Raum, in dem sie völlig behütet und unangefochten miteinander reden können, wo man ihnen zuhört und wo man mal einen Ratschlag geben kann. Wo man aber genau weiß: Da sitzt kein Spitzel dazwischen. Das sind Erfahrungen, die wirken. Jeder hat andere.

Das Haus Gollwitzer ist auch so ein Ort die ganze Zeit über gewesen.

Das hat dann einfach seine menschliche Wirkung, die man rational nur sehr schwer beschreiben kann, wobei das nicht immer unproblematisch war, das wäre schrecklich. So wie ich umgekehrt meine Fragen habe, haben die natürlich auch ihre Fragen. Diesen Gruppen ist völlig neu, was mir in diesem Zusammenhang gerade einfällt, daß sie plötzlich wieder ein Gefühl für geschichtliche Zusammenhänge haben. Also: Die APO von 1967, der war doch vollkommen gleichgültig, wo sie agierte. Die haben überhaupt nicht gemerkt, wo sie sind, zum Beispiel im amerikanischen Sektor von Berlin.

Das ist heute vollkommen anders. Wenn ich heute aus meinem Buch vorlese, was ganz selten vorkommt, dann sage ich immer: Da steht das und das drin, was wollt ihr denn gerne hören. Und es ist bisher immer so gewesen, daß sie keineswegs die ganz aktuellen Geschichten hören wollen, sondern sie wollen den Anfang der Bundesrepublik hören, wie ist das in Berlin gewesen, warum sind bestimmte Weichen so gestellt, was meinst Du damit, wenn

Du sagst, die Bundesrepublik ist kein souveränes Land.

Das interessiert sie, das war noch vor drei oder fünf Jahren anders. Das ist ein wichtiger Gewinn.

b:e: Und das gilt für die gesamte Bewegung?

Albertz: Ja. Das gilt für jede Gruppe. Das gibt mir auch jetzt ein bißchen die Hoffnung, daß die jetzige alternative Bewegung in ihren verschiedenen Erscheinungsarten, wobei die Friedensbewegung sicher die breiteste ist, bei der es sich Gott sei Dank nicht nur um junge Leute handelt, die auch eine ganz andere Zukunft haben: darum sind die Leute „oben" ja auch sehr viel nervöser als damals.

Das bittere Resümee muß man ja wohl machen, daß es wahrscheinlich richtig war, daß man mit der APO letzten Endes mit polizeilichen Mitteln fertig wurde. Dies jetzt von der Seite des Staates aus gesagt und ohne Rücksicht auf geistige und moralische Verluste. Heute weiß man ganz genau, daß dies nicht mehr möglich ist.

b:e: Welche Chancen hat heute eigentlich noch die SPD?

Ist die Perspektive denkbar, daß diese Partei sich an die Spitze dieser Bewegung setzt.

Albertz: Das habe ich von Mal zu Mal mit größerer Intensität empfohlen. Ich habe also vor dem 10. Oktober 1981 zu Willy Brandt gesagt: „Das Beste, was der für die deutsche Geschichte wichtigsten Partei passieren könnte, wäre, wenn Du am 10. Oktober Dich dort auf das Podium stellst – ich bin gerne bereit, eine dreiminütige Eingangsliturgie zu halten, damit Du es dann leichter hast und die Leute merken, warum Du da bist – und dann kannst Du Dich da hinstellen und sagen: Ich bin der Vorsitzende der Sozialdemokratischen Partei Deutschlands. Ich bin Euer Bundesgenosse, ich gehöre zu Euch, und wem das nicht gefällt, der soll aus der SPD austreten – so herum! Dasselbe habe ich noch einmal für München empfohlen.

Die Leute, die da als Jusos oder Falken sich getroffen haben, das sind ja wohl genauso wichtige Sozialdemokraten wie die, die auf höchst merkwürdige Weise meistens ihre Delegiertenausweise in die Hand bekamen. Beides ist die Partei. Nun ist klar, daß ein Mann wie Brandt darauf antwortet: Das bedeutet die Spaltung der Partei, wie immer Du anfängst zu rechnen, das kann ich nicht. Und er hat es dann auch nicht getan. Trotzdem bleibt richtig nach meiner Einschätzung: Wenn es dieser Partei nicht gelingt, sich an die Spitze der Bewegung zu setzen, die die entscheidenden Zukunfts- und Überlebensfragen nicht nur dieses Volkes, sondern der Europäer und der Menschheit zu ihrer Aufgabe gemacht hat, dann ist die SPD keine politische

Kraft mehr. Dann ist sie vor allen Dingen nicht mehr die Sozialdemokratische Partei Deutschlands, in die ich nach 1945 eingetreten bin.

b:e: Hier ist der Hintergrund für den Satz, den Sie gesagt haben: „Die SPD kommt mir vor wie ein Vater, dessen Gesicht ich nicht mehr erkenne."

Albertz: Mich bedrückt am meisten, daß eine Partei dieser Tradition und Geschichte und eben auch gerade mit den schrecklichen Fehlern dieser Partei an den entscheidenden Wendepunkten deutscher Geschichte – nämlich 1914, 1918/1919 und 1932, daß diese Partei immer noch nicht gelernt hat, wohin sie gehört.

Sie kann gerade dann nicht, wenn sie Macht ausübt, also die schwierige Regierungsverantwortung trägt, nun plötzlich alles vergessen, weswegen sie angetreten ist. Ich weiß, wer so etwas sagt, kommt sofort in die Ecke der Träumer und Spinner. Mir braucht niemand zu erzählen, was es bedeutet, auf Mehrheiten und Kompromisse angewiesen zu sein.

Für mich ist rational sehr schwer verständlich, daß diese Partei bei den Fragen der Friedenssicherung mit Argumenten arbeitet, leider nicht nur mit Argumenten, sondern auf die Waffen setzt, von denen jedermann weiß, daß sie keinen Frieden mehr sichern können. Aber ist das noch rational, wenn öffentlich vertreten wird, immer neues Nachrüsten mit diesen Vernichtungswaffen könnte irgendetwas mit Zukunft zu tun haben? Wie kann man das tun und wissen, daß jetzt schon Millionen von Menschen sterben, in dem man das Geld nicht für Dinge ausgibt, die notwendig wären.

Das ist mir schlicht unerklärlich. Insofern fühle ich mich mit meinen Freunden sehr viel weiter weg von den Quartieren der politischen und ökologischen und militärischen Machtausübung als unmittelbar nach 1968. Das ist für mich immer mehr eine fremde Welt.

b:e: Warum sind Sie nicht bei der Gruppe Coppik/Hansen dabei?

Albertz: Weil ich den Kampf, in den ich mich hinein begeben habe, den ich solange führen muß, solange es physisch und psychisch nur irgendwie möglich ist, in den Organisationen zu führen beabsichtige. Es handelt sich ja dabei nicht nur um die Partei, es handelt sich mit dem gleichen Ernst um die Amtskirchen.

b:e: Und die Rolle des DGB?

Albertz: Das gleiche gilt für die Gewerkschaften, wobei ich das nicht als eine persönliche Belastung empfinde, weil ich kein so direktes Verhältnis zu den Gewerkschaften gehabt habe. Trotzdem weiß ich genau, daß die Gewerkschaften der entscheidende Punkt sein werden.

Also, in einem solchen Falle muß der Schnitt von der Gemeinschaft vollzogen werden. Wenn die mich nicht mehr tragen können, dann sollen sie mich ausschließen.

Wenn die Kirche mich nicht mehr tragen kann, dann soll sie mir die Rechte des geistlichen Standes entziehen. Ich möchte einmal wissen, was dann passiert. Das mit Coppik und Hansen ist völlig irreal, das ist das Abseits einer Sekte. Die Gruppe hat lediglich den Erfolg, daß sie GRÜNE oder Alternative oder wie immer sie sich nennen mögen, regionale, lokale Schwierigkeiten machen. Das ist der einzige Erfolg.

Ich kann mir aber eine Situation vorstellen, wo es einen wirklichen Bruch gibt. Das ist einmal bei der SPD und bei der USPD passiert. Das hat auch der Willy Brandt als junger Mensch erlebt, als er in der SAP war, die heute schon fast vergessen ist.

Aber das ist etwas völlig Anderes, daß jemand dann sagt, so jetzt ist Schluß, jetzt trete ich aus. Ich schließe das nicht völlig aus, ich habe bisher diesen Punkt noch nicht gefunden.

b:e: Wäre der Punkt die definitive Stationierung mit Zustimmung oder Duldung der SPD?

Albertz: Natürlich. Das kann ein solcher Punkt werden. Nur ist das dann nicht mehr mein persönlicher Punkt. Dann würde das, was in der Friedensbewegung wahrscheinlich noch sehr viel stärker da ist, in die unmittelbare Konfrontation münden. Da wage ich gar nicht daran zu denken, darauf sind beide Seiten nicht vorbereitet. Das ginge aber weit über eine individuelle Entscheidung hinaus.

b:e: In der letzten Zeit verdichten sich die Nachrichten über ein Anwachsen der Friedensbewegung in den Vereinigten Staaten. Wie wirkt das zurück auf die Friedensbewegung hier?

Albertz: Das ist meine ganz große Hoffnung. Ich habe ein bißchen mehr Informationen, als das, was im SPIEGEL steht. Das scheint dort ein Flächenbrand zu werden – mindestens, wenn nicht noch wirksamer als die Anti-Vietnam-Bewegung.

Was dort gefordert wird – und die Gruppen sind ja auch unterschiedlich motiviert und unterschiedlich in ihren Verhaltensweisen und Vorschlägen – in der Masse gehen sie viel weiter als das, was in den Anträgen von Eppler und Lafontaine auf dem SPD-Parteitag in München vorgebracht wurde. Das wird noch nicht zur Kenntnis genommen. Ich meine nicht, daß es Eppler nicht zur Kenntnis genommen hätte, aber die Herren auf der Vorstandsbank haben das nicht zur Kenntnis genommen.

Ein ganz wichtiger Punkt ist, daß wir gar nicht mehr von einer deutschen, einer europäischen Friedensbewegung zu reden haben. Wir werden das im Herbst dieses Jahres ganz breit zur Kenntnis bringen, daß es jeder sieht. Es wird zwei oder drei große europäische Friedenstreffen geben. Dann werden auch gestandene amerikanische Bürger auftreten und sagen, was sie gegen ihre eigene Regierung vorzubringen haben. Das ist eine ganz wichtige Geschichte im Großen, das ist der entscheidende Unterschied. Niemand soll bei uns vergessen, daß die Möglichkeiten in unseren Ländern und in den Vereinigten Staaten ebenso wichtig sind, wie das ganz kleine Feuer, das unter der Decke in der DDR und anderswo brennt. Der berühmte törichte Spruch, den sie da am 10. Oktober 1981 auf Kosten von Rüstungsfirmen über die Demonstration an einem Flugzeug angebunden hatten: „Wer demonstriert in Moskau?“ – Der wird jetzt auf die dort mögliche Weise sichtbar. Wir müssen da ganz vorsichtig sein, das darf auf keinen Fall hier adoptiert werden, das soll vor allen Dingen von denen nicht angefaßt werden, die uns hier in Westdeutschland alle zum Teufel wünschen in der Friedensbewegung.

b:e: Wo sehen Sie Gefährdungen dieser Friedensbewegung?

Albertz: Man muß auf alles gefaßt sein. Bishin zur Provokation und dem Anzünden von Feuerchen oder dem Anblasen, wo sie schon brennen.

Das ist ebenso mit den Scheinvorschlägen wie die berühmte Nullösung von Herrn Reagan, mit der Leuten Sand in die Augen gestreut wird. Aber registriert haben sie es schon längst. Was auch der Unterschied zu hier ist: In den Vereinigten Staaten ist die Friedensbewegung schon sehr viel stärker als bei uns aktiv im Establishment drin. Stellen sie sich einmal vor, die Hälfte unserer katholischen Bischöfe wäre dabei, oder es wären so viele Bundestagsabgeordnete oder Bundesratsleute dabei, wie Kongreßleute oder Senatoren.

b:e: Müssen hier nicht die Machtausübenden ganz schnell umlernen?

Albertz: Ich meine, es wird ein Wettlauf mit der Zeit werden. Meine Hoffnung ist, daß die Friedensbewegung bis zum nächsten Jahr in Amerika so breit ist, daß das gar nicht mehr machbar ist mit der Stationierung. Bei uns kann es dann eben auch zu einem Punkt kommen, bei dem wie bei dem kleineren Projekt Gorleben dann irgendjemand sagt: Das halte ich zwar weiter für richtig, aber es ist politisch nicht mehr machbar. ●

Hans A. Pestalozzi

„Rebellion aus dem Bauch"

Hans A. Pestalozzi wurde 1955 persönlicher Mitarbeiter von Gottlieb Duttweiler, dem Gründer der Migros. Nach Duttweilers Tod wurde er Vizedirektor des Migros-Genossenschaftsbundes. Daneben begann er mit dem Aufbau des Gottlieb-Duttweiler-Instituts, das er von 1964 bis 1979 leitete. Lange vor den Studien des „Club of Rome" beschäftigte sich das Institut mit den Fragen, denen sich die Weltgesellschaft am Ende des 20. Jahrhunderts gegenüber sehen wird. Pestalozzi hat seine Ansichten und Ideen beim Management und bei Erziehern unbeirrt propagiert. Das hat ihm die Bezeichnung eines Subversiven eingebracht. Alternativen zeigt Pestalozzi in seinen Veröffentlichungen auf zum Totalitätsanspruch der Wirtschaft, zum Fortschrittsbegriff, zum ungehemmten Wachstum. Seine Themen sind: Demokratie und Rechtsstaat, Energie und Umweltschutz, die nachindustrielle Zeit, sanfte Technik, Selbstbeschränkung als Gewinn, neue Lebensformen, soziale Experimente.

Hans A. Pestalozzi wohnt in Thalwil bei Zürich. Im Garten seines Hauses schnattern die Gänse, die er Besuchern gerne zeigt. Pestalozzi lehnt es ab, sich zum „Guru" der alternativen Bewegung machen zu lassen. Aber natürlich hatte er eine engagierte Beziehung zu den Jugendlichen in Zürich, deren Protest gegen das gesellschaftliche „Packeis" er unterstützte. Einen Ansatz seiner Denkweise beschreibt Pestalozzi in seinem Buch „Nach uns die Zukunft": „Dürfen wir überhaupt kritische Kinder erziehen, wenn wir uns selbst kaum mehr getrauen, kritisch zu sein, weil wir sonst die Stelle verlieren? Dürfen wir überhaupt selbstbewußte Kinder erziehen, wenn doch allein der Notendruck die gesellschaftlich notwendige und von vielen Eltern geforderte Promotion gewährleistet? ... Dürfen wir genügsame Kinder erziehen, auch wenn unsere Konsumgesellschaft das Gegenteil fordert? Dürfen wir solidarische Kinder erziehen, oder schaffen wir dadurch nicht Versager in einer erbarmungslosen Konkurrenzgesellschaft?"

b:e: Sie haben vor Managern und Lehrern Vorträge gehalten, in denen Sie sich mit ökologischen Problemen beschäftigt haben. Wie ist es eigentlich zur Trennung vom Gottlieb-Duttweiler-Institut gekommen?

Pestalozzi: Auslöser war ein Vortrag vor einem Lehrerverein über die Widersprüche und die Wertmaßstäbe unserer Wirtschaft. Dieser Lehrervortrag ist in meinem Buch „Nach uns die Zukunft“ abgedruckt. Das war der Auslöser, der letzten Endes nach zwei Jahren zu meiner Entlassung geführt hat.

b:e: Von was leben Sie jetzt?

Pestalozzi: Von Vorträgen, Zeitungsartikeln und so weiter. In der Schweiz darf ich praktisch nicht mehr schreiben, auch das Fernsehen und das Radio scheint für mich gesperrt zu sein, ebenso die großen Tageszeitungen.

b:e: Aber in der Bundesrepublik wird über sie im 1. Programm eine begeisternde Sendung ausgestrahlt?

Pestalozzi: Ich muß ins Ausland ausweichen. Im Schweizer Radio wurde sogar eine Sendung von mir verboten.

b:e: Mit welcher Begründung?

Pestalozzi: Zu kritisch.

b:e: Eine biographische Frage. Sie heißen Pestalozzi – b:e ist ein Pädagogen-Blatt. Könnten Sie uns ganz kurz sagen, was Sie mit dem alten Herrn zu tun haben? Haben Sie mit ihm vielleicht etwas Inhaltliches gemeinsam?

Pestalozzi: Man sagt, ich hätte etwas inhaltlich mit ihm zu tun. Außerdem haben wir den gleichen Stammvater. Alle heute in der Schweiz lebenden Pestalozzi stammen von dem einen Stammvater Pestalozzi ab. Und davon gibt es ca. 200.

b:e: In der erwähnten Fernsehsendung sagten Sie ungefähr, daß Sie Spaß daran hätten, Alternativen für die heutige Schule zu suchen.

Pestalozzi: Nein, ich habe gesagt: Wir sollten alle gemeinsam Spaß daran haben, Alternativen zu entwickeln. Es geht ja heute darum, nicht diese Gesellschaft durch eine andere zu ersetzen. Es geht darum, die Gesellschaft in der wir leben zu verändern. Es geht nicht darum, die heutige Ideologie durch eine andere zu ersetzen, sondern die Ideologie durch eine Utopie zu ersetzen, sich nämlich vorstellen zu können, wie es anders sein könnte.

b:e: In der Schweiz wie in der BRD ist Schule aber in ein konkretes Netzwerk von Gesetzen, Erlassen, Rahmenplänen eingebunden. Die Lehrerausbildung reicht dieses Bild von Schule immer weiter. Die Schule selbst gründet sich auf den gesellschaftlichen Kontext, in dem sie steht. Kann eigentlich eine so eingekesselte Schule bei allem guten Willen derer, die an der Schule beteiligt sind, zu einer Alternative werden?

Pestalozzi: Nein, das kann sie nicht.

b:e: Dann käme es doch darauf an, die Gesellschaft, die die Schule umgibt, zu verändern.

Pestalozzi: Ganz genau. Da kommt jetzt die Frage der Strukturen. Das ist immer und überall bei meinen Vorträgen die gleiche Diskussion. Ob das bei Hausfrauen ist, ob das bei Lehrern ist: Kann ich mich persönlich überhaupt verändern, nützt meine veränderte Einstellung überhaupt etwas? Verhindern nicht die Strukturen, in denen ich lebe, ein verändertes Verhalten? Das ist natürlich ganz kraß beim Lehrer. Die sind in starren Strukturen gefangen, auf alle Fälle die Lehrer bei uns in der Schweiz. Aber die Lehrer bestätigen mir immer wieder, wie viele Freiräume sie haben, wie viele Möglichkeiten an sich noch vorhanden wären, etwas im eigenen Bereich zu verändern, auch wenn sie in den genannten Strukturen drinstecken.

b:e: Wie argumentieren Sie mit den Lehrern?

Pestalozzi: In meinem ersten Lehrervortrag habe ich die Lehrer noch zur Solidarisierung aufgerufen, zu Demonstrationen und Streiks. Das sind natürlich Illusionen. Im zweiten Lehrervortrag habe ich dann schon anders argumentiert. Ich habe gesagt: Ihr müßt in diesen Strukturen leben, Ihr müßt aber subversiv tätig sein, Freiräume ausnutzen und so versuchen, durch das, was Ihr sagen wollt, das System zu unterlaufen, die heutigen Zwänge zu unterlaufen. Der andere wichtige Punkt: Es gibt auch hier bei uns unzählige Versuche, wirklich alternative Schulen aufzubauen. Es wäre viel gewonnen, wenn es die finanziellen Voraussetzungen dafür gäbe, daß Schüler nicht mehr gezwungen wären, in die Staatsschule zu gehen. Heute scheitern die Privatschulen an der Finanzierung. Es sind immer nur die Söhne und Töchter der wohlhabenden Leute, die sich eine sogenannte alternative Schule leisten können.

b:e: Noch einmal zur staatlichen Regelschule. Was kann denn der einzelne Lehrer nun machen, der in einem 70 Mann Kollegium arbeitet und für sich zunächst einmal die Erkenntnis gewonnen hat, daß er sich alternativ verhalten will. An welchen Stellen kann er denn subversiv tätig sein? Muß er sich nicht zwangsläufig politischen Organisationen, Lehrergewerkschaften, politischen Gruppen etc. anschließen? Ist er nicht schon von Anfang an auf der Verliererstraße, wenn er alleine operiert?

Pestalozzi: Das glaube ich nicht. Er hat im Unterricht selbst unglaublich viele Möglichkeiten, die Kinder mit der Problematik vertraut zu machen und aufzuzeigen, in welchen Schizophrenien wir leben. Auch das bestätigen mir immer wieder die Lehrer. Sie sagen, wir haben so viele Freiräume, wir können das im Unterricht immer und immer wieder anbringen.

b:e: Gibt es dann Schwierigkeiten mit den Eltern der Kinder?

Pestalozzi: Das Erstaunliche ist bei uns, daß dies nicht der Fall ist. Sogar die Lehrer werden bei uns ja demokratisch gewählt, sie können demokratisch abgewählt werden durch einen Volksentscheid. Ich habe mir alle Lehrerentlassungen im Kanton Zürich angeschaut, wo also Lehrer wegen ihrer kritischen Haltung entlassen worden sind. Ich habe festgestellt, daß die Front nie verlaufen ist zwischen dem Lehrer einerseits und den Eltern andererseits, sondern immer zwischen dem Lehrer und den Eltern einerseits und den Schulbehörden andererseits. Die Schulbehörden haben interveniert, wenn der Lehrer nicht konform unterrichtete. Die Eltern standen durchweg auf der Seite des Lehrers. Denn es gab für die Eltern ein „Aha-Erlebnis“: Unsere Kinder gehen gerne zur Schule. Das ist dann der Moment, wo der Lehrer wirklich alternativ unterrichtet hat und in der Lage war, die Jungen und Mädchen zu begeistern. Da gingen die Kleinen dann plötzlich gerne zur Schule. Das ist wahrscheinlich für jede Mutter und für jeden Vater ein Erlebnis: Mein Kind geht gerne zur Schule.

b:e: Sind diese Lehrerentlassungen alles Einzelfälle oder gehören die Leute zu irgendwelchen politischen Gruppen oder Organisationen?

Pestalozzi: Das sind alles Einzelfälle.

b:e: Wer hilft denn diesen Lehrern? Gibt es Organisationen dafür?

Pestalozzi: Die bleiben ziemlich alleine. Es gibt jetzt kritische Lehrergewerkschaften, aber die sind noch sehr klein. Es ist aber viel wichtiger zu sehen, wie dieses alternative Denken bei uns eben doch durch die ganze Gesellschaft hindurchgeht. Es gibt kritische Konsumenten, kritische Lehrer, kritische Pfarrer und einige wenige kritische Manager.

Es gibt praktisch in jedem Beruf Beispiele für diese neue, alternative Haltung. Wir sehen das vielleicht etwas stärker als in der Bundesrepublik Deutschland.

In der Regel verlieren wir kritischen Leute immer wieder Volksabstimmungen, aber wir sehen, daß es heute im Kampf gegen die Atomkraftwerke 50 Prozent der Schweizer Bevölkerung sind, genau gesagt erst 49,5 Prozent. Vor zehn Jahren hat noch kein Mensch über ein AWK-Problematik gesprochen. Vor fünf Jahren haben sich noch die Gemeinden darum gestritten, einen Autobahnanschluß haben zu dürfen. Heute will keine Gemeinde mehr einen Autobahnanschluß. Es gab eine Volksabstimmung über zwölf autofreie Sonntage pro Jahr. Da haben 700000

Schweizer für diese autofreien Sonntage gestimmt. Das haben wir nun auf der ganzen Linie. Wir stellen fest, wie das Bewußtsein im Volk mit ungeheuerem Tempo anwächst. Das ist natürlich auch die Hoffnung für den Lehrer, wenn er feststellt, daß er nicht alleine ist.

b:e: In der vorhin erwähnten Fernsehsendung im 1. Programm wurden Sie gefragt, ob Sie sich als Außenseiter fühlen.

Pestalozzi: Ich fühle mich nicht als Außenseiter. Ich weiß ganz genau, daß Hunderttausende genau so denken und auch versuchen, so zu handeln. Aber: Man darf einem, der so denkt, aber nicht so handelt, nicht einen Vorwurf machen, weil er in der Regel in den Strukturen drinsteckt und sich gar nicht anders verhalten kann.

b:e: Wie reagiert denn die schweizerische Gesellschaft auf diese soziale Bewegung?

Pestalozzi: Die Situation ist heute in der Schweiz so repressiv wie wahrscheinlich überhaupt noch nie in den letzten 20/30 Jahren.

b:e: Was heißt dies konkret?

Pestalozzi: Sie wollen eine Bundessicherheitspolizei einrichten und ein kriminalistisches Informationssystem aufbauen. Es gibt keine Radikalenerlasse, bei uns wird das einfach praktiziert. Es gibt keine formellen Berufsverbote, das wird einfach gemacht. Zum Beispiel hat sich der Geschäftsleiter eines großen Textilhauses in Zürich nur in einem Leserbrief kritisch über den Einsatz der Züricher Polizei bei den Unruhen geäußert und wurde fristlos entlassen. Das geschieht bei uns jeden Tag.

b:e: Was passiert, wenn der Mann mit dieser Kündigungsbegründung vor ein Gericht geht?

Pestalozzi: Das gibt es bei uns nicht. Es gibt keinen Kündigungsschutz in der Schweiz. Der Schweizer Arbeiter, der Schweizer Angestellte ist so rechtlos wie wahrscheinlich in keinem anderen Lande Westeuropas.

b:e: Was steckt Ihrer Meinung hinter den Unruhen in Zürich, die ja durch alle Medien gegangen sind?

Pestalozzi: Es ist kein Ausdruck alternativen Denkens, sondern ein Ausdruck des Unbehagens. Das ist einfach das Unbehagen an sich. So geht's doch nicht weiter. Wir können die Zukunft nicht mehr gestalten. „Packeis", das ist das Symbol für Zürich. „Freiheit für Grönland" – das ist ein ganz wichtiger Slogan bei dieser Jugend. Man fühlt sich im Packeis drin.

b:e: Ist das mehr als nur eine Emotion, steckt da eine politische Analyse dahinter?

Pestalozzi: Das ist der große Unterschied zur 68er Bewegung. Ich wurde in der Bundesrepublik Deutschland gefragt, ob wir jetzt zehn oder zwölf

Jahre später noch die 68er Bewegung nachholen. Das ist grundsätzlich etwas anderes: 68 das kam vom Kopf aus, das kam von oben, von den Studenten. Um diese Bewegung kümmern sich die Studenten kaum.

b:e: Welche Bevölkerungsgruppen sind an den Jugendunruhen hier beteiligt?

Pestalozzi: Das geht durch wirklich alle Schichten hindurch. Das Interessante daran ist, daß zum erstenmal wirklich die Lehrlinge und die Arbeiter spontan dabei sind. Der zweite Unterschied ist, daß diese Jugendrebellion nicht politisch ist und ideologisch ist. Im Gegenteil: Die Regierung sagt, das ist ja nicht einmal politisch erfaßbar. Das ist chaotisch, anarchisch und so weiter. Das ist genau richtig. Das ist eine Rebellion aus dem Bauch heraus. Wir wollen atmen. Deshalb dieses Symbol, dieses Packeis von Grönland und die Eisbären.

b:e: Gibt es Parallelen zu den Instandbesetzungen in Berlin, in Göttingen?

Pestalozzi: Die Rebellion in der Bundesrepublik Deutschland ist rational noch erfaßbar. Da geht es um Wohnraum. Aber in Zürich ist das nicht so erfaßbar. Das ist ein Unbehagen gegenüber dieser Verbetonierung – man hat ja keine Luft mehr, man hat keine eigene Zukunft mehr, es ist alles verbarrikadiert. Unsere Gesellschaft ist total erstarrt – da muß ein junger Mensch ja rebellieren.

b:e: Gibt es da noch Kommunikation oder ist das nur Konfrontation?

Pestalozzi: Der Krawall war ja nur der Auslöser. Bei der zweiten Demonstration waren 10000 Leute dabei, die auf die Straße gingen. Bei der ganz großen Weihnachtsdemonstration waren viel mehr Erwachsene als junge Leute dabei. Es kommt ganz klar zu dieser Konfrontation innerhalb der Gesellschaft. Deshalb muß man aufzeigen: Das ist unser Gedankengut und das ist Eure Haltung. Die Leute, die an der Macht sind, die sind schon längst polarisiert. Die sagen, wir wollen keine Polarisation in unserer Gesellschaft. Dabei geht es ganz genau darum, den Gegenpol aufzubauen zu den Leuten, die an der Macht sind.

b:e: Lernen die Leute, die an der Macht sind, aus dem was da passiert?

Pestalozzi: Das ist zu früh, das schon abzuschätzen. Zum Beispiel kam von unseren Ministerien ein Bericht über die Jugendunruhen heraus. Das ist das Beste, was ich überhaupt je gelesen habe zu den Jugendproblemen. Das ist hervorragend, ganz einmalig, sensationell. Und zwar kam dies auch von den bürgerlichen Parteien.

Die Experten wurden dann innerhalb der Parteien angeschossen, aber was da an Erkenntnissen drin ist, ist sensationell.

b:e: Wie verhalten sich denn diese Parteien zu den Unruhen hier?

Pestalozzi: Das Schlimme ist, daß jede Partei versucht, die Unruhen irgendwie auf die eigene Bühne zu ziehen. Es ist doch so, daß die Probleme mit den Parteien überhaupt nicht mehr zu lösen sind. Die Probleme, die wir heute haben, sind keine von der Sorte rechts oder links, sondern ganz andere. Die Parteien sind überhaupt nicht in der Lage zu erfassen worum es geht. Die heutigen Probleme und die Parteien sind in sich ein Widerspruch.

b:e: Ihr ideales Gesellschaftsmodell käme ohne Parteien aus, aber mit anderen politischen Gruppen, die sich dann bilden werden?

Pestalozzi: Nein. Auf der einen Seite ist die rein institutionelle Demokratie, mit den Parteien und so weiter. Viel wichtiger werden andere gesellschaftliche Gruppierungen, die Einfluß nehmen auf das öffentliche Leben. Unmittelbare Bürgerinitiativen, Urdemokratie, die Bürger, die wieder auf die Straße gehen und selber nach dem Rechten sehen – das ist es. In der Schweiz hat sich in den letzten 20 Jahren über Institutionen und Parteien nicht das Geringste verändert. Wenn etwas positiv verändert wurde, dann nur über direkte Bürgerinitiativen, über direkte Bürgereinwirkung. Ob das nun die Atompolitik ist oder die Bildung eines neuen Kanton – das wurde durch Bürgerinitiativen, und zwar durch Gewalt, durchgesetzt.

b:e: Also gibt es auf der einen Seite immer wichtiger werdende Bürgerinitiativen, auf der anderen Seite wurschteln die Parteien und Institutionen weiter wie bisher.

Pestalozzi: Das ist gar nicht so schlecht. Schauen Sie sich den letzten Wahlkampf in der Bundesrepublik an. Da ging es doch überhaupt nie um Grundsatzfragen, sondern es ging um Nebenaspekte. Wir lassen uns Sachzwänge vorgeben durch Autobahnbau und Kernkraftwerke und haben dann unsere Gesellschaft diesen sogenannten Zwängen anzupassen. Umgekehrt wäre es richtig: Dies ist unser Bekenntnis, wir bekennen uns zur Demokratie, wir bekennen uns zum Christentum und so weiter. Wir fragen, wie muß eine Gesellschaft aussehen, die sich nur nach diesen Kriterien richtet. Alles andere, ob das Energie sei, ob das Straßenbahnen, Verkehrsprobleme und so weiter sind, das hat sich nach diesem Leitbild zu richten. Die Bürgerinitiativen gehen schon so vor.

b:e: Wie sieht die Alternative zur heutigen Politik aus?

Pestalozzi: Wir haben noch keine Alternative in der Politik. Das Problem liegt tiefer. Wir leben in einer Haben-Gesellschaft und Parteien sind Ausdruck dieser Haben-Gesellschaft. Parteien wollen Macht erringen, sie wollen Einfluß haben. Das ist das Haben-Prinzip – Macht erringen, Karriere machen, Einfluß haben. Die neuen Prinzipien widerstreben diesem Haben-Prinzip. Die Grundfrage ist, wie setzen wir ein anderes Prinzip in einer Haben-Gesellschaft durch, ohne daß wir die Prinzipien einer Haben-Gesellschaft übernehmen. Deshalb ist eine grüne Partei ein Widerspruch in sich selbst. Das geht doch gar nicht, das ist völlig unsinnig. Das grüne Prinzip verlangt die Rücksichtnahme, das Sein-Prinzip.

b:e: Sind eigentlich bei der Umsetzung des Sein-Prinzips die Lehrer für Sie ein wichtiger Bündnispartner?

Pestalozzi: Ja, ganz eindeutig. Zum Beispiel: Der ganze Arbeitsbegriff. Wir bringen den Kindern immer noch bei, sie müssen lernen zu arbeiten, damit sie mal leben können – Müßiggang ist aller Laster Anfang.

b:e: Arbeit macht frei ...

Pestalozzi: ... nein, so weit geht es nicht. In der Realität ist es doch schon längst umgekehrt. Wir müssen unser Leben so einrichten, daß alle genügend Arbeit haben. Wir müssen neue Bedürfnisse schaffen, Waffen herstellen, was weiß ich, damit alle arbeiten können. Die Priorität liegt nun plötzlich bei der Arbeit und gar nicht mehr beim Leben. Wir haben die grandiose technische Entwicklung bei den Mikroprozessoren. Die wären in der Lage, einen großen Teil der Idiotenarbeit abzunehmen. Ein alter Menschheitstraum könnte in Erfüllung gehen. Ich glaube aber nicht, daß sie jetzt glücklich sind über diese technische Entwicklung. Sie machen ein Riesenproblem daraus. Haben wir dann noch genügend Arbeit oder haben wir nicht mehr genügend Idiotenarbeit, müssen wieder irgendwelche Leute neue Idiotenarbeit erfinden, damit alle wieder arbeiten können?

b:e: Wichtiger wäre die Frage, wie will ich leben.

Pestalozzi: Arbeit, Einkommen, Job und so weiter richten sich nach der Lebensgestaltung. Wenn das ein Lehrer den Kindern beibringen kann: Also Du mußt nicht unbedingt in die Mittelschule, Du mußt nicht unbedingt ins Gymnasium, Du mußt nicht unbedingt studieren. Der Lehrer soll dem Kind beibringen, sich selbst zu erkennen, sich selbst zu studieren.

b:e: Nun hat aber jedes Kind die Möglichkeit, eine hohe formale Qualifikation zu erwerben, aber nicht die Chance dazu. Muß nicht die Anstrengung darauf gerichtet sein, möglichst vielen Jugendlichen eine möglichst hohe formale Qualifikation zu vermitteln? Denn nur so hat man den formalen Zugang, zum Beispiel auch zu einem Studium. Ob man diese Zugangsberechtigung umsetzt ist eine andere Sache.

Pestalozzi: Nein.

b:e: Sie haben das Bild von den glücklichen Volks- oder Hauptschülern?

Pestalozzi: Ja. Der Schüler soll nicht das Gefühl haben, daß er unbedingt in die Sekundarstufe muß. Er muß fragen: Welche Schule liegt mir denn eigentlich, wo ist es mir am Wohlsten? Die Frage kann nicht sein: Wo kann ich Karriere machen, wo habe ich Zukunftschancen? Sondern: Was entspricht mir denn eigentlich? Ich glaube schon, daß die Gesamtschule hierzu einen besseren Rahmen abgibt als die Schulen bei uns. Aber das Ganze bezieht sich ja nicht nur auf die Schule, sondern auch auf die Berufswahl. Muß denn der Schüler unbedingt einen sogenannten höheren Beruf wählen oder entspricht ihm nicht gerade ein handwerklicher Beruf viel eher? Hat er nicht das Gefühl, daß er mit den Händen besser arbeiten kann, will er nicht Natur riechen? Diese Entscheidung kann aber das Kind nur treffen, wenn es in der Lage ist, eben wieder Emotionen zu haben, sich selbst zu empfinden, seine Bedürfnisse spüren zu können.

b:e: Sie träumen von einer prinzipiell offenen Gesellschaft. Aber: gerade eine frühe Schullaufbahnentscheidung kann eine Sackgasse sein, weil der einzelne Schüler später Schwierigkeiten hat, weitere formale Qualifikationen hinzu zu erwerben.

Pestalozzi: Er kann alles später nachholen.

b:e: Der zweite oder andere Bildungswege sind ein mühseliges, unendlich schwieriges Unternehmen. Nur wenige erreichen auf diesem Wege das Abitur.

Pestalozzi: Ja, gut. Dann schauen Sie aber einmal, in welchen Berufsgruppen die Leute später landen. Wenn einer mit einem klaren Bewußtsein Schreiner geworden ist oder Anstreicher, dann ist er meiner Einschätzung nach ganz bestimmt glücklicher als wenn er einfach dem Zwang nachgegeben hat, Karriere machen zu müssen, etwas werden zu müssen. ●

Horst-Eberhard Richter

„Aus kleinen Nadelstichen wird mehr und mehr ein großer Druck"

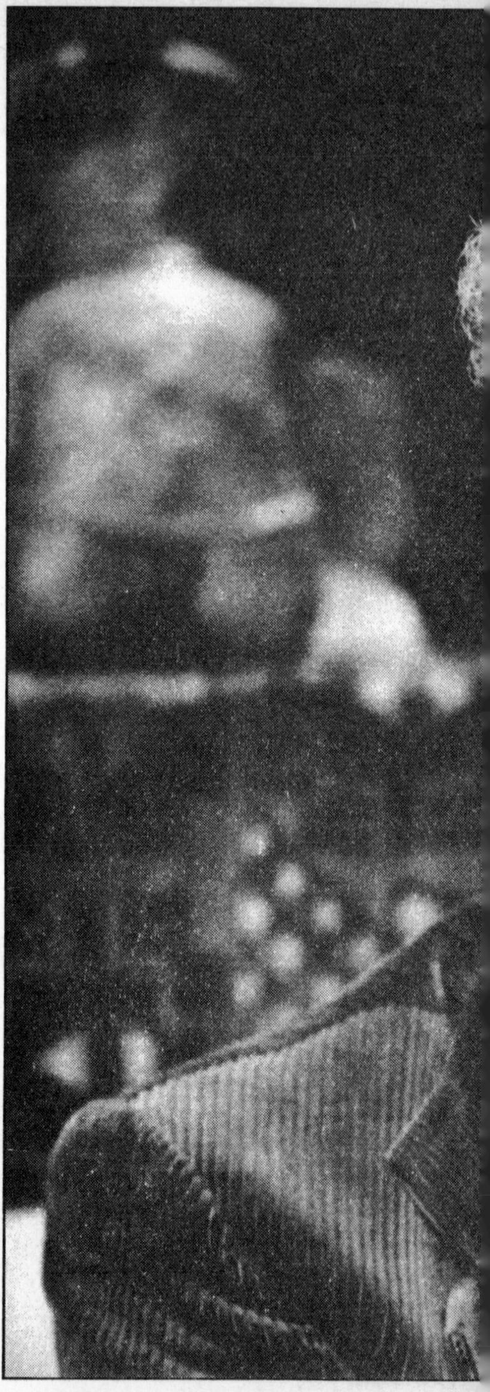

„Pädagogen müssen in einer Zeit fortschreitender psychischer Militarisierung überlegen, daß es nicht zuletzt von ihnen abhängt, ob Kinder und Jugendliche lernen, die Möglichkeiten eines Krieges zu akzeptieren oder diesen radikal zu verwerfen."

Dies ist eine zentrale Aussage aus den Büchern des Gießener Psychoanalytikers Horst-Eberhard Richter, die sich mit den Möglichkeiten der neuen Friedensbewegung beschäftigen.

b:e: Im Vergleich zu früher hält sich die Psychoanalyse im Moment mit politischen Äußerungen eher zurück. Zu beobachten ist eine Selbstbeschränkung der Psychoanalytiker auf die Therapie. Der Normalanyalytiker bleibt politisch abstinent. Das Berufsbild, an dem sich heute die Entscheidung für eine psychoanalytische Zusatzausbildung orientiert, ist eher das des Facharztes und nicht das eines Suchers und Verbreiters unangenehmer Wahrheiten. Ich denke vor allem an die 30er Jahre, die 50er und 60er Jahre, in denen sich Psychoanalytiker tatsächlich pointiert politisch geäußert haben. Heute ist das, wenn man vielleicht von Ihnen absieht, nicht mehr der Fall.

Richter: Im Augenblick scheint das wieder anders zu werden. Aber Sie haben recht, wenn Sie etwa an die letzten 10 Jahre denken. Da hat man nur ausnahmsweise Stellungnahmen von Psychoanalytikern zu politischen Fragen gelesen. Früher waren die Psychoanalytiker einmal, wie Paul Parin das genannt hat, eine subversive kritische Intelligenzia. Sie verstanden die Psychoanalyse als eine Wissenschaft, die notwendigerweise nach den gesellschaftlichen Hintergründen dafür fragte, was in den Menschen psychisch unterdrückt wird. Das hatte den Analytikern den Ruf eingetragen, eine eher unbotmäßig kritische Außenseitergruppe zu sein.

b:e: Die Psychoanalytiker sind angepaßter geworden.

Richter: Einen Grund haben Sie selbst schon genannt, nämlich die Medizinalisierung. Die psychoanalytische Therapie ist zu einer anerkannten Kassenleistung geworden. Damit ist zwar ein Ziel erreicht, das Freud selbst einmal gefordert hat. Die Erlangung psychoanalytischer Hilfe ist nicht mehr primär vom Geldbeutel abhängig. Aber die Krankenkassen zahlen nicht für die Erweiterung psychischer Freiheit, um die es eigentlich in der Psychoanalyse geht, sondern nur für die Beseitigung medizinisch definierbarer Symptome. In der Konkurrenz mit zahlreichen anderen Psychotherapieformen sahen sich nun auch die Psychoanalytiker dazu aufgefordert, symptomfreie Anpassung als ausreichendes Therapieziel zu akzeptieren. Was das alltägliche Funktionieren nicht behinderte, mochte weiterhin verdrängt bleiben.

Durch ihre Integration in die Medizin haben die Psychoanalytiker, zunächst in Amerika, ihren gesellschaftlichen Randstatus überwunden und sind zu einer privilegierten Gruppe mit hohem Sozialprestige geworden. Aber der Preis für diese anerkannte Stellung ist der Rückzug aus jenen gesellschaftskritischen Positionen, die sich für frühere Psychoanalytiker unmittelbar aus ihrem radikaleren Verständnis des Auftrags der psychoanalytischen

Wissenschaft ergeben hatten. Ich selbst teile dieses radikalere Verständnis.

b:e: Sie vertreten die Auffassung, daß die Psychoanalyse beginnt, wieder kritischer zu reagieren.

Richter: Tatsächlich gibt es Anzeichen dafür, daß die Psychoanalytiker wieder politischer werden. Gerade hat in Zürich ein stark besuchter Kongreß über „Krieg und Frieden aus psychoanalytischer Sicht" stattgefunden. In einer kürzlich erschienenen Streitschrift „Das Unbehagen in der Psychoanalyse" treten eine Reihe sehr bekannter Psychoanalytiker und psychoanalytisch orientierter Sozialforscher für eine stärker politisch engagierte Psychoanalyse ein. Und in der Organisation „Internationale Ärzte für die Verhütung des Atomkrieges", in der anfangs kaum Psychoanalytiker zu sehen waren, bilden sie jetzt schon einen beachtlichen Anteil. Bei einer Tagung der westdeutschen Sektion in Berlin, die gerade stattgefunden hat, waren nahezu die Hälfte Psychoanalytiker und Psychotherapeuten.

b:e: Gibt es einen aktuellen Anlaß für diesen Sinneswandel?

Richter: Ein wesentlicher Grund ist der, daß die zunehmenden ökologischen, wirtschaftlichen, aber vor allem die atomaren Gefahren in vielen Menschen eine Beunruhigung hervorrufen, die sich in psychischen oder psychosomatischen Störungen niederschlägt. Wir Psychoanalytiker sehen in unserer Praxis, daß viele junge, aber auch ältere Patienten von depressivem Pessimismus, Schlaflosigkeit, Angstzuständen und vielen anderen Beschwerden geplagt werden, die nicht mehr hinreichend aus dem privaten Schicksal der Betroffenen erklärt werden können. Vor allem Ratlosigkeit, Resignation und düsterste Zukunftsvisionen zeigen sich immer häufiger. Und natürlich merken die Psychoanalytiker als sensible Menschen auch bei sich selbst, wie sehr ihr inneres Gleichgewicht durch die politischen Bedrohungen gefährdet wird.

Unter diesem Druck also kommen mehr und mehr Psychoanalytiker dazu, sich wieder verstärkt um die Wechselbeziehung zwischen psychischen und gesellschaftlichen Faktoren zu kümmern. Im Vordergrund steht dabei die Auseinandersetzung mit dem Phänomen der atomaren Bedrohung. Wir Psychoanalytiker müssen den Politikern unmißverständlich klarmachen, welche schlimmen psychischen Schäden schon jetzt vor allem in der Jugend daher rühren, daß die Risiken der atomaren Hochrüstung als unerträglich empfunden werden.

Bei vielen unserer Patienten sehen wir eine berechtigte, der Wirklichkeit angemessene Angst. Und mit der können viele Menschen erst dann besser zurechtkommen, wenn sie sich selbst engagieren und etwas tun, was sie wenigstens als kleinen Beitrag zu einer politischen Veränderung verstehen können.

b:e: Was hat bei Ihnen dazu geführt, daß Sie sich öffentlich politisch äußern und mit vielen Ansichten gegen den Strom der herrschenden Meinung schwimmen?

Richter: Bei mir haben viele Faktoren eine Rolle gespielt. Ich habe im letzten Krieg meine Familie und fast alle meine Schulfreunde verloren. Der Zufall oder die Gnade, daß ich am Leben geblieben bin, hat mich immer daran denken lassen und läßt mich auch noch heute daran denken, daß ich anstelle und im Namen dieser sinnlos geopferten Menschen etwas tun muß, um eine ähnliche oder gar noch schlimmere Katastrophe zu verhindern. Ich habe eine Frau aus einer verfolgten Familie geheiratet. Aus den Erfahrungen dieser Familie habe ich für mich viel gelernt. Wichtige Anstöße habe ich aber auch von meinen Kindern bekommen, die mir vor allem während der Studentenbewegung geholfen haben, mich mutiger den Konflikten auszusetzen, die sich durch Anwendung psychoanalytischer Erkenntnisse auf politische Prozesse ergaben. Aber unterstützt haben meine Entwicklung auch zahlreiche junge Kollegen, mit denen zusammen ich Initiativgruppenarbeit in sozialen Randbereichen anfing. Schließlich war für mich das Vorbild Mitscherlichs wichtig, obwohl ich mit diesem keineswegs immer übereinstimmte. Aber sein Mut, von den überwiegend konservativen medizinischen Fachgenossen und Funktionären Prügel für die Publikation unangenehmer Wahrheiten einzustecken, hat mich herausgefordert.

b:e: Ihre ärztlichen Standesgenossen haben Ihr Engagement in der Friedensbewegung eher mit Mißbilligung aufgenommen.

Richter: Immerhin zählen wir in unserer westdeutschen Sektion der „Internationalen Ärzte für die Verhütung des Atomkrieges" jetzt schon fast 7000 Bundesgenossen, die unsere Erklärungen unterschrieben haben. Damit sind wir freilich unter den Ärzten immer noch eine bescheidene Minderheit. Aber unsere Bewegung weitet sich schnell aus. Gleichwohl werden wir und werde ich von Teilen der Fachwelt, auch von Standesfunktionären, wegen unseres Engagements angegriffen. Obwohl man selbst moralisch argumentiert, wird man der Unmoral bezichtigt: Man predige Feigheit vor dem Feind. Vielleicht sei man vom Osten gekauft oder arbeite diesem zumindest willig in die Hände. Man untergrabe die innere Sicherheit. Pazifismus erhöhe erst recht das Atomrisiko – und was es da noch alles an finsteren

Unterstellungen gibt. Wir leben in einem paranoiden Klima, in dem derjenige leicht zum inneren Feind gestempelt wird, der zur Verständigung mit dem offiziellen Außenfeind aufruft.

Der kritische Punkt ist nun der, ob ich der Wohlgelittenheit zuliebe verstumme oder ob es mir wichtiger ist, die volle unbequeme Wahrheit – so wie ich sie verstehe – auszusprechen, wie es die Psychoanalyse im Grunde von mir fordert.

b:e: Im September finden in der ganzen Bundesrepublik Aktionstage zum Frieden und gegen die Nachrüstung statt. Werden Sie sich an solchen Aktionstagen aktiv beteiligen? Etwa in dem Sie sich mit anderen Friedensbefürwortern vor Kasernentore und Munitionsdepots setzen und Zufahrten blockieren?

Richter: Ich habe schon zugesagt, mich an einer gewaltfreien Aktion zu beteiligen. Viele andere Ärzte und Angehörige sonstiger Gesundheitsberufe werden einen Sanitätsdienst für Blockade-Aktionen anbieten. Es wird aber auch sicher im Herbst noch eine große öffentliche Demonstration der Medizinberufe stattfinden. Da wird man auf die Straße gehen, weil es nicht genügt, immer nur auf geschlossenen Kongressen oder Arbeitstagungen kritisch über die horrende atomare Bedrohung zu reden.

Es besteht nämlich durchaus die Gefahr, daß die Gruppen der Friedensbewegung mit Hilfe der konventionellen Veranstaltungstypen am Ende der Bevölkerung vor allem helfen, ihre Unruhe- und Entrüstungsgefühle in Intervallen abzureagieren. Sehr leicht können Friedenskongresse, Friedensgottesdienste, Friedenskünstlerfeste eine bloße Ventilfunktion ausüben. Die sich dort versammelnden Menschen klatschen begeistert zu den Vorträgen der Friedensforscher, zu den moralischen Mahnungen kritischer Theologen, zu den Protestsongs engagierter Liedermacher. Aber viele verwechseln den Enthusiasmus, in welchen sie sich mit dem übrigen Publikum einig fühlen, in magischer Weise mit einem Eingriff in die politische Wirklichkeit. Sie gehen von solchen Veranstaltungen nach Hause, schlafen eine Weile besser und freuen sich schon auf die nächste Aktion. Unterdessen reiben sich diejenigen, die an den Hebeln der Macht sitzen, die Hände und tolerieren die wohl abgeschirmten Veranstaltungen eher als ungefährliche Abreaktions-Szenarien.

Gerade als psychoanalytischen Sozialpsychologen macht mich die Erfahrung besorgt, daß Unternehmungen, die eigentlich politischen Druck ausüben wollen, unter Umständen als Entspannungsrituale funktionieren, die den Verantwortlichen der Overkill-Politik nicht im mindesten weh tun.

Wichtig ist es, daß die vielen Menschen, die auf Veranstaltungen der Friedensbewegung erstmalig in Bewegung kommen, nunmehr kontinuierlich weitermachen. Auf die alltägliche Friedensarbeit kommt es an. Und der Widerstand muß politisch fühlbar werden. Die Maschinerie der gesellschaftlichen Militarisierung wird reibungslos weiterlaufen, wenn wir ihr nicht Sand ins Getriebe streuen.

b:e: Welche Möglichkeiten hat denn die Berufsgruppe Lehrerinnen/Lehrer, ihre Sorgen vor einem Krieg zu artikulieren?

Wie kann Schule auf die tödliche Gefahr des Wettrüstens einwirken?

Richter: Gerade habe ich in Süddeutschland mit 90 Lehrerinnen und Lehrern über die Möglichkeit von Friedenserziehung diskutiert. Die Frage, die Sie mir eben gestellt haben, habe ich zunächst den Lehrern zurückgegeben.

Die Lehrer sagten mir: „Wir würden den Schülern gern mehr Kritisches zu dem Wahnsinn der Hochrüstung sagen und die Notwendigkeit von Verständigungspolitik im Hiroshima-Zeitalter hervorheben. Aber was ihr Ärzte euren von euch abhängigen Patienten und dem Publikum zumuten könnt, können wir Lehrer unseren Schülern nicht in ähnlicher sozialer Freiheit sagen. Wir sind abhängig von den Eltern und stehen unter der Kontrolle der Schulaufsichtsbehörden. Sobald wir im Unterricht den atomaren Rüstungswettlauf kritisch behandeln, kommen anderntags Eltern zur Schulleitung und beschweren sich über die Vergiftung der Kinder mit radikalen ideologischen Ideen."

In der erwähnten Diskussion wurden mir gleich zwei Beispiele von Lehrern genannt, die versetzt worden waren, weil sie pazifistische Ideen in ihren Klassen verkündet hatten. Manche Lehrer sagten mir: Wir können unsere Auffassungen zur Friedenserziehung nicht offen an die Schüler heranbringen. Wir müssen in die Gewerkschaft gehen oder in irgendeine andere Gruppe der Friedensbewegung, um außerhalb des Arbeitsplatzes Schule zu besprechen, was uns am Herzen liegt. In der Institution selbst ist der Anpassungsdruck zu groß.

b:e: Sie haben bei Ärzten vom Ausscheren aus Zunftgepflogenheiten gesprochen und dies zum Teil auch selbst vorexerziert. Haben Lehrer eine Chance sich ähnlich zu verhalten?

Richter: Ich habe meine Schulzeit in einer Diktatur verbracht. Die Lehrer standen unter extremer Kontrolle und setzten sich erheblichen Gefahren aus, wenn sie nonkonformistische Sachen sagten. Trotzdem erinnere ich mich noch heute an mehrere Lehrer während meiner Gymnasialzeit, die uns mutig ihre kritischen Überzeugungen verrieten, auch wenn dies oft nur in Andeutungen oder mit Hilfe von Zitaten geschehen konnte. Heute leben wir nun in einem demokratischen Rechtsstaat. Und es gibt kein Ideologiediktat. Niemand kann und darf Lehrer zwingen, gegen ihr Gewissen z.B. ein stereotypes Feindbild-Denken zu fördern und Friedenserziehung etwa gleichsinnig mit Wehrerziehung zu definieren.

Jeder Lehrer kann sich auf Albert Einstein berufen, der unser längerfristiges Überleben von unserer Fähigkeit zu einem radikalen Umdenken abhängig gemacht hat. Dieses Umdenken, das eine Zusammenarbeit auch über die Gegensätze zwischen Systemen hinweg möglich machen würde, sollte in der Tat zur Hauptaufgabe von Friedenserziehung werden. Wenn Massen von Lehrern an diesem Gedanken festhalten und miteinander solidarisch sind, wird es schwer sein, sie zum Verstummen zu bringen.

b:e: Wie sollen Lehrer in der Schule sich zum Thema Frieden verhalten? Angepaßt an die Lehrpläne oder frei, der eigenen Überzeugung folgend?

Richter: Sie haben noch eine dritte Bedingung vergessen, die mir besonders wichtig erscheint. Die Lehrer müssen davon ausgehen, daß das Problem der Atomkriegsdrohung längst schon die Schüler beschäftigt hat, ehe eines Tages im Unterricht darüber gesprochen wird. Kriegsangst ist schon bei 10-, 11jährigen in diffuser Form weit verbreitet und läßt sich aus Träumen, Phantasien und Malereien herauslesen, wenn man nur will. Sehr häufig geworden ist die Sorge, gar nicht mehr das Erwachsenenalter zu erreichen. Das Ausmaß pessimistischer Vorstellungen, das bei sorgfältigen Jugendstudien ermittelt wurde, ist erschreckend. In einem Fach „Friedenserziehung" müßten die Lehrer den Schülern also zunächst hinreichend Gelegenheit geben, über die Gefühle und Gedanken offen zu reden, die sich in ihnen angesammelt haben. Nach meinem Eindruck verdrängen auf diesem Gebiet Eltern und auch Lehrer mehr, als dies Kinder und Jugendliche tun. So wird es für viele Lehrer ohnehin schwer genug sein, sich den brisanten Fragen zu diesem Thema zu öffnen und nicht vorschnell auf eine pragmatische Ebene auszuweichen.

b:e: Schon durch die Wortwahl wird oft verschleiert was eigentlich bezweckt werden soll.

Richter: So ist es. Die Kultusminister würden sich weniger streiten, wenn sie sich nicht gewaltsam unter dem Begriff „Friedenserziehung" versammeln würden. Die einen möchten ja doch lieber über „Wehrerziehung" reden. Und die anderen denken vielleicht daran, daß das Wort Frieden aus dem Althochdeutschen fridu abgeleitet ist und ursprünglich mit Liebe und Versöhnung, jedenfalls mit dem Gefühlsbeziehungen zwischen den Menschen, zusammenhängt. Ich habe in meinem letzten Buch „Zur Psychologie des Friedens" Briefe einer 16jährigen Schülerin aus der DDR abgedruckt, die dort die Teilnahme an der Wehrerziehung in der Schule verweigert hat. In wenigen Worten hat sie da geschildert, wie ein Fach Friedenserziehung aussehen sollte: Verharmlosende Illusionen über die Schutzmöglichkeiten bei einem Atomkrieg und über dessen Wirkungen müßten abgebaut werden. Auf die Beseitigung des Freund-Feind-Denkens zugunsten größerer Vertrauensbereitschaft müßte hingewirkt werden. Historische Vorbilder, wie Bertha von Suttner, Dietrich Bonhoeffer, Carl von Ossietzky, Geschwister Scholl u. a. sollten gelesen werden und Ermutigung vermitteln. Ich meine, das wäre ein guter Rat auch für unsere Kultusminister.

b:e: Kann die Schule etwas zur Stärkung der Friedensbewegung tun?

Richter: Auf jeden Fall könnte die Schule mehr für die Stärkung von politischer Verantwortungsbereitschaft und Standfestigkeit tun. Wir sehen als Psychoanalytiker und Familientherapeuten, daß viele Kinder und Jugendliche im Schulalter gegenüber der Politik ein trostloses Ohnmachtsgefühl entwickeln. Das hängt natürlich auch damit zusammen, daß sie bereits in der Institution Schule zu wenig erleben, daß sie wichtig sind zur Mitgestaltung der Institution.

„Die da oben machen doch völlig abgelöst ihre Politik, so wie sie es wollen, sie haben die Macht. Wir können eigentlich nur dadurch überleben, daß wir irgendwo in einem geschützten Winkel anders leben, uns anders verhalten." So etwa ist die Einstellung eines Großteils der Jugendlichen. Und die Schule müßte sich fragen, ob und wie sie gegen diese frühzeitige Resignation besser angehen könnte.

b:e: Soll die Schule also die schöne, heile Welt verkünden?

Richter: Nein. Gerade die Ausblendung der düsteren Wahrheiten führt dazu, daß die Kinder sich hilflos gemacht fühlen. Sie spüren sehr genau, wenn ihnen die Elterngeneration eine Zuversicht vorlügt, die im Grunde auf Verdrängung beruht. Das verwirrt die Kinder und macht sie erst recht mutlos und depressiv.

b:e: Wenn es viele solcher gestörten und depressiven Kinder gibt, dann kann an unserem Schulsystem ja wohl einiges nicht stimmen.

Neben den Schülern existiert eine zweite Gruppe Menschen in der Schule, die sich anscheinend dort ebenfalls nicht wohlfühlt – die Lehrer. Viele Lehrerinnen und Lehrer suchen Geborgenheit, Wohlgefühl in Psychogruppen. Der Psychoboom, der sich bei uns in den letzten Jahren entwickelt hat, hat seine Basis auch und gerade bei Lehrerinnen und Lehrern.

Richter: Das ist richtig. Auch in unserem Zentrum für Psychosomatische Medizin haben wir viele Lehrer als Klienten. Ich habe selbst keine gezielte Schulforschung betrieben, aber eines erscheint mir gewiß: Die Schule selbst ist nicht hauptschuldig daran, daß sie so wenig Wohlbefinden vermittelt. Im Gegenteil scheint es mir so, daß die Schule in der Lösung von Problemen vorangehen soll, welche weder die Eltern noch die Politiker noch die Gesellschaft im Ganzen bewältigt haben. Je unsicherer und kritischer die Lage der Gesellschaft ist, um so mehr drängt häufig die etablierte Generation die Schule hartnäckig auf Einstellungen und Wege, mit denen sie selbst gerade nicht weiterkommt. Diese Paradoxie müßte überwunden werden.

b:e: In der Schule haben Lehrerinnen und Lehrer doch die Möglichkeit, Kinder zu friedliebenden Persönlichkeiten zu erziehen. Welche besonderen Fähigkeiten müssen sie dazu entwickeln?

Richter: Sie dürfen sich – was freilich leicht gesagt ist – von den Zwängen nicht kleinkriegen lassen, die von außen in die Schule hineinwirken. Sind sie erst einmal abgestumpft und zermürbt, werden sie an die Kinder den Druck weitergeben, der sie deformiert hat. Zu sozialer Sensibilität kann nur erziehen, wer über diese selbst noch verfügt.

b:e: Sie meinen, der Lehrer wird immer dann als ernst und als wahr erlebt, wenn er in seinem Vorbild sich auch an das hält, was er sagt.

Richter: Eigentlich brauchen die Schüler Lehrer, die sich persönlich für sie interessieren, die ihnen auch gern zuhören. Die, wenn man sie herausfordert, nicht ihre Macht mißbrauchen müssen, um ihr Gleichgewicht zu bewahren. Also Lehrer, die nicht mit Isolierung drohen und in der Klasse keine Randgruppen schaffen.

b:e: Vielleicht ist unsere Frage auch zu einseitig gestellt und es muß nicht heißen, was kann Schule tun, um der Friedensbewegung zu helfen, sondern es muß heißen, was kann die Friedensbewegung tun, um der Schule zu helfen. Kann die Friedensbewegung mehr Sensibilität, mehr Stärke, mehr Bewußtsein in die Schule bringen?

Richter: Diese Fragestellung leuchtet mir sehr ein. Unter der Bedingung, daß wir unter Friedensbewegung nicht in erster Linie Organisationen und Aktionsformen verstehen, sondern eine breite Strömung, zu der so etwas wie ein gewandeltes Lebensgefühl gehört. Ich denke da an die vielen, die nicht nur gegen Raketen kämpfen wollen, sondern denen es in einem viel weiteren Sinne um einen Schutz des Lebens geht. Die verstehen, daß wir erst wieder lernen müssen, zu atmen, zu fühlen, miteinander Freude zu haben, aber auch Schmerzen zu teilen. Friedensbewegung heißt ja wohl im letzten Sinne Heilung von einer Daseinsform, in der Macht und Rivalität alle positiven Gefühlsbeziehungen verkümmern lassen, so daß nur noch Mißtrauen und Gewalt übrigbleiben.

Es wäre dringend zu wünschen, daß diese neuen positiven Lebensimpulse ansteckend wirken. Aber der Gegendruck ist groß. Und da kommt es leicht zu einer Abspaltung, wie wir sie auch aus der Schule kennen. Da kann man u. U. große humanitäre Ideen pflegen, aber als eine Utopie, die scheinbar nur in Nischen außerhalb der eigentlichen Realität gedeihen können. Wir müßten begreifen, daß diese „Realität" der Macht und Unterdrückung nichts Vorgegebenes, sondern etwas Gemachtes ist.

b:e: Aber auch Lehrer sehnen sich nach einer sensibleren Schule.

Richter: Aber man sollte dafür kämpfen, wonach man sich sehnt. Ich habe in meiner Klinik gerade ein jüngeres Lehrer-Ehepaar gesehen. Beide sagten: Wir glauben nicht mehr daran, daß wir von den Wünschen, die wir einmal an unseren Beruf geknüpft haben, etwas verwirklichen können. Pünktlich bei Schulschluß lassen wir unseren Kugelschreiber fallen. Nachmittags erledigen wir noch mechanisch, was zum Job gehört, also etwa Klassenarbeiten durchsehen. Aber richtige Menschen können wir nur außerhalb sein. An die Schule innere Energien zu verschwenden, würde uns nur kaputtmachen.

b:e: Diese weitverbreiteten resignativen Einstellungen sind ja nicht unbegründet. Der Club of Rome hat zum Beispiel festgestellt, daß etwa 50 Prozent aller Wissenschaftler auf der Welt direkt oder indirekt mit Rüstungsentwicklung beschäftigt sind. 1980 wurden 900 Milliarden Mark in die Rüstung gesteckt, also fast zwei Millionen Mark in jeder Minute. Ist es da nicht eine Illusion, zu meinen, man könne durch vorbildhaftes Verhalten, durch Zusammenschluß in Friedensbewegungen die Entscheidungszentralen zu anderen Entscheidungen bewegen. Ist es nicht eine Selbsttäuschung, zu meinen, durch so ein bißchen psychologisieren über Alltagsfragen und so ein bißchen diskutieren über Feindbilder und Familie käme man an die Fragen ran, die über Leben und Tod entscheiden.

Richter: Natürlich gibt es hundert Argumente dafür, zu resignieren. Da kreuzt bei Meinungsumfragen jeder zweite Westdeutsche an, daß er positiv zur Friedensbewegung steht. Aber mehr als ein Kreuzchen machen die Leute nicht. Vier von fünf Westdeutschen glauben, daß die Politiker gar nicht mehr wüßten, was die einfachen

Menschen denken und fühlen. Und es heißt, daß die Politiker dies eigentlich auch gar nicht mehr wissen wollten, sondern umgekehrt das Denken der Leute so steuern möchten, wie es zu der von ihnen gewollten Politik passe.

Aber die Politiker stehen natürlich auch wiederum unter den Zwängen komplexer ökonomischer, technischer, militärischer Kräfte, in denen insgesamt eine unheimliche destruktive Eigendynamik steckt. Wie soll sich da der einzelne noch wichtig fühlen, da seine Urteile und sein Wohlbefinden kaum noch von Belang zu sein scheinen? Dennoch ist dies genau der kritische Punkt: Wenn sich noch etwas grundsätzlich ändern soll, dann kann es nur von unten, von den Menschen aus geschehen, die sich gegen die totale Vereinnahmung und Programmierung wehren. In allen Institutionen müssen wir uns dagegen wehren, nur als verdatete und verplante Teilchen einen Betrieb in Gang zu halten, der zwangsläufig zu einer fortschreitenden Militarisierung und letztlich zur Selbstzerstörung der Gesellschaft führen muß. Widerstandsformen sind zu entwickeln, die so wirksam werden, daß aus kleinen Nadelstichen mehr und mehr ein gewaltiger Druck wird.

Gerade wenn man das Prinzip der repräsentativen Demokratie bejaht, kann man es doch nicht in Ordnung finden, wenn vier Fünftel der Bürger sich mit ihren Gedanken und Gefühlen nicht von denen repräsentiert glauben, die sie gewählt haben. In Amerika stimmen z.B. zur Zeit 74 Prozent der Bevölkerung für den Freeze, also für den sofortigen Stopp der Produktion, Testung und Aufstellung von Nuklearwaffen und aller Trägersysteme. In unserem Land wollen laut Sinus-Studie 61 Prozent nicht, daß automatisch stationiert wird, wenn Genf im Herbst noch keine Lösung bringt. Sollte man nicht Möglichkeiten schaffen, um bei derartigen Überlebensfragen der Bevölkerung zu ermöglichen, ihre Stimmen wirksam einzubringen? Geschieht das nicht, darf man sich nicht wundern, wenn als Akt der Notwehr massenweise ziviler Ungehorsam geübt wird.

Die tägliche Berührung mit Menschen, die ähnlich fühlen und sich ähnlich entscheiden wie ich, gibt mir Mut. Für mich persönlich sehe ich eine besondere Verpflichtung darin, daß ich in meiner Position einen größeren Handlungsspielraum habe als viele andere, die in eingeengteren sozialen Situationen leben. Dennoch stellt sich uns allen, wie ich glaube, prinzipiell die gleiche Aufgabe: Jeder sollte sich als Teil einer mündigen Öffentlichkeit betrachten, von der die schwedische Friedensnobelpreisträgerin Alva Myrdal mit Recht gesagt hat, daß nur ihr Druck auf die Politik unser Überleben auf längere Dauer sicher könnte. ●

Klaus Staeck

„Ich könnte es viel leichter haben"

1971 klebten an den Litfaßsäulen der Dürerstadt Nürnberg plötzlich Plakate mit dem Bild einer alten Frau und der Frage „Würden Sie dieser alten Frau ein Zimmer vermieten?"

Die Sache erregte Aufsehen. Bürger riefen im Rathaus und bei den Lokalzeitungen an, um zu erfahren, wer hinter der Sache stecke. Aber auch dort wußte man von nichts. Eine Stadt war beunruhigt.

Dies war der erste Streich des Heidelberger Grafikers Klaus Staeck. 500 Jahre nach Dürers Tod hatte er dessen Bild seiner Mutter mit einer aktuell provozierenden Frage versehen und zu neuer Aktualität verholfen. Vor allem aber war es Staeck auf Anhieb gelungen, Menschen mit Kunst zu erreichen und zu bewegen, im Gegensatz zu den repräsentativen Feiern des Dürer-Jahres 1971.

Es folgten weitere nicht minder spektakuläre Staeck-Aktionen. „Deutsche Arbeiter! Die SPD will Euch Eure Villen im Tessin wegnehmen", ließ das SPD-Mitglied Staeck zur Bundestagswahl 1972 plakatieren.

Das Motto „Die Reichen müssen noch reicher werden! Deshalb CDU" trug ihm mehrere einstweilige Verfügungen der Christdemokraten ein.

Klein bei gab Staeck deshalb noch lange nicht. Getreu seinem Motto „Die Kunst findet nicht im Saale statt" mischte er sich weiter ein, setzte er sich ungebrochen den Angriffen von rechts aus. So rissen CDU/CSU-Abgeordnete Staeck-Plakate von den Wänden der Bonner „Parlamentarischen Gesellschaft", in der SPD-Kollegen eine Staeck-Ausstellung arrangiert hatten. Freilich wurden auch die Sozialliberalen des Grafikers Staeck nicht immer recht froh. Eine mit Bundesmitteln geförderte Ausstellung in London trug ihm offizielle Mißbilligung durch Genschers Auswärtiges Amt ein. Und neuerdings zeigt Staeck einen bröckelnden Wolkenkratzer mit der Aufschrift SPD. Fast überflüssig zu sagen, daß

Staeck auch seinen Freunden von ganz links oft genug weht tat, z. B. als er den Dutschke-Spruch „Holger, der Kampf geht weiter“, den dieser am Grabe des RAF-Toten Holger Meins tat, mit Franz Josef Strauß in Verbindung brachte („...bis zum Endsieg der CDU/CSU“).

Hauptangriffspunkt des Grafikers Staeck, von dem Ernst Bloch schrieb, er stehe „in bester Tradition von Goya, Daumier, Grosz, John Heartfield, Otto Dix und Frans Masereel“, blieben freilich die rechten Christdemokraten. So fühlte sich z. B. im letzten Jahr die Essener CDU – fast möchte man sagen: natürlich – zum Aufschrei veranlaßt, als ruchbar wurde, daß Staeck im Wintersemester an der dortigen Gesamthochschule eine Gastprofessur übernehmen werde. Flugs verglich man seine Arbeiten – auch nicht neu – mit den „Haß- und Hetzkarikaturen der Nazizeit“. Gleichwohl verteidigte der Rektor der Essener Hochschule die Berufung Staecks durch den Fachbereich „Kunst und Gestaltung“.

Warum lädt Klaus Staeck sich solchen Ärger immer wieder auf? Was sind die Motive für seine Arbeit? Woher bezieht er die Kraft, Tiraden und Kampagnen durchzustehen? Und wie sieht er die Zukunft? Das wollten wir von Staeck wissen, als wir ihn im nur mühsam gebändigten Chaos seines kleinen Ladens an der Heidelberger Ingrimmstraße besuchten.

Es wurde ein langes Gespräch, aus dem wir hier Ausschnitte wiedergeben, denn Staeck ist nicht nur ein witziger Satiriker, sondern auch ein sprudelnder Erzähler.

Hier gibt er Auskunft über seine Schulzeit in der DDR zur Zeit des Stalinismus, paradoxe Erfahrungen beim Wechsel in den Westen, Möglichkeiten, mit seinen Plakaten im Unterricht zu arbeiten, Schwierigkeiten, die entstehen, wenn man zuviel über Schwierigkeiten spricht, sein Trotzalledem-Engagement in der SPD, mancherlei Probleme mit der neuen Friedensbewegung und die Notwendigkeit, es sich nicht zu leicht zu machen.

b:e: Woran denken Sie, wenn das Wort Schule fällt?

Staeck: Ich habe die Schule gehaßt und geliebt. Gehaßt, wegen vieler erlittener Schikanen und Demütigungen. Geliebt, weil ich zugleich einige großartige Lehrer hatte.

Nun waren das damals in der DDR unangenehme Zeiten, weil ein ungeheurer politischer Druck herrschte. Es war die Blütezeit des Stalinismus. Da war jeder Andersdenkende verpönt. Und man bekam nicht wie heute ein bißchen Schwierigkeiten, sondern sie wurden immer gleich existentiell.

Ich hatte Pech mit meiner Herkunft, weil ich zu den Angestellten-Kindern gehörte, während die Arbeiter- und Bauernkinder die Privilegierten waren. Jede Note, die ich bekam war automatisch eine Note schlechte. Und da ich aus sehr kleinen Verhältnissen komme, mein Vater früher auch Bauer war und sich zum Buchhalter „hochgearbeitet" hatte, war mir das erst recht unbegreiflich. Das hat meine ganze Schulzeit in einer Weise geprägt, daß es mit eine Quelle für meine spätere politische Arbeit wurde: diese Verletzung und dieser sehr früh erfahrenen Ungerechtigkeit. Und dann immer der hilflose Versuch, etwas dagegen zu tun, mit dem Ergebnis, daß man pausenlos aneckte und sich zum idealen Opfer entwickelte.

Ich bin in Bitterfeld groß geworden, einer eher häßlichen Industriestadt, die nie Raum für bürgerliche Idylle und Heuchelei ließ. In der Schule passierte politisch ständig etwas. Widerstand gegen bestimmte Appelle, gegen Wandzeitungen, unsinnige Verpflichtungserklärungen usw. Das war dann immer gleich ein halbes Staatsverbrechen. Und da der Rektor immer wieder Schuldige nach oben benennen mußte, wurden natürlich auch welche gefunden bzw. dazu erklärt. Die Arbeiter- u. Bauernkinder schieden schon qua Definition aus. Die Chemikerkinder hatten es ebenfalls besser, weil sie zur technischen Intelligenz gehörten. Das war die andere privilegierte Gruppe. Wir waren damals drei, vier Freunde, die für alles verantwortlich gemacht wurden.

So stand ich während meiner ganzen Schulzeit politisch ständig unter Druck.

b:e: Haben Sie noch in der DDR die Schule abgeschlossen?

Staeck: Ich habe unter Qualen dort noch Abitur gemacht und wollte ursprünglich Filmregisseur werden – ein sehr kühnes und erfolgloses Unternehmen. Drei Berufswünsche konnte man angeben. Mein zweiter war Architekt. Vor der Aufnahmeprüfung bekam ich aber zufällig mit, wie der FDJ-Sekretär meine gesellschaftliche Beurteilung vorlas. Und die war so verheerend, daß ich wußte: Da brauchst Du gar nicht erst reinzugehen. Ich wurde auch sofort abgelehnt.

Als dritten Berufswunsch hatte ich Kunsterzieher angegeben, weil dafür ein großer Bedarf herrschte. Aber selbst daraus wurde nichts, da ich als politisch unzuverlässig galt. Meine guten Zeugnisse halfen nur wenig.

Ursprünglich wollte ich aus der DDR nicht weggehen, sah dann aber dort keine Chance mehr für mich. Das war 1956. Über Umwege kam ich nach Heidelberg. Hier fingen die nächsten Schwierigkeiten an.

Die offizielle – in der DDR wertlose – Fassung der gesellschaftspolitischen Beurteilung im Zeugnis bescheinigte mir überragende Leistungen auf diesem Gebiet. Das war kalkuliert gemein, um mir noch im Westen Schwierigkeiten zu machen. So hatte ich auch hier sofort handfeste Auseinandersetzungen mit den Behörden: Schon wieder war ich verdächtig. Erste schreckliche neue Erkenntnis: hier kann man Erfolg haben, wenn man frech ist und die Feigheit der meisten richtig einkalkuliert.

b:e: Und dann haben Sie hier noch einmal Abitur machen müssen?

Staeck: Ja, das war auch ein neuer Schock. Wir hatten zwei, drei gute Lehrer, aber auch so zwei, drei alte Nazis. Und ausgerechnet die wollten uns nun den vermuteten Kommunismus austreiben. Schließlich waren wir weggegangen, konnten also nicht die glühendsten Verfechter des Stalinismus gewesen sein. Aber die wollten uns immer wieder neu sagen, wie dumm wir doch seien, nichts gelernt hätten, die wahren Werte des Humanismus nicht begriffen hätten.

Ergebnis: wieder die gleiche Auflehnung, bei allen eigentlich. Darüber wurden die meisten – sagen wir mal – Edelkommunisten. Es war schon paradox! Jeder verteidigte nun plötzlich leidenschaftlich wieder das System, das er gerade verlassen hatte. Schließlich habe ich hier angefangen zu studieren. Wollte mit Architektur wieder an meine alten Pläne anknüpfen, habe mich dann aber anders entschieden. Ich befürchtete wieder so einen faulen Kompromiß. Denn eigentlich wollte ich ja Kunst machen. Das war immer mein Lieblingsfach und in der DDR das einzige, wofür es keinen richtigen Lehrplan gab, wo man sich relativ frei entfalten konnte, nicht alles vorgeschrieben war bis zum letzten Komma. Schließlich wählte ich ein Studium, das mir möglichst lange viel Zeit ließ für die Kunst und am ehesten meiner Hoffnung entsprach, man könne etwas für mehr Gerechtigkeit tun. So kam ich auf Jura. Sich wehren können – das war ja immer mein Prinzip. Überleben lernen: das hatte ich in der Schule gelernt, aber nur überleben. Mehr eigentlich nicht. Es ging um das bißchen Würde und Selbstachtung, das man braucht, um alle Schikanen und Schwierigkeiten zu überstehen.

b:e: Sehen Sie Ihre Fotomontagen heute als Ausdruck dieser Erfahrung, sich wehren zu müssen.

Staeck: Ja. Das meine ich. Wenn ich das, was ich heute tue, nicht machen könnte, wäre ich innerlich wohl schon aufgefressen.

b:e: Das heißt, daß Sie die Angriffe, denen Sie ausgesetzt sind, nicht erleiden, sondern sie ganz bewußt in Kauf nehmen.

Staeck: Ja, den Angriffen nicht aus dem Wege gehen.

b:e: Es ist Ihnen recht, daß diese Konflikte hochkommen. Es ist Ihnen lieber so, als wenn man Sie in Ruhe ließe.

Staeck: Ja. Weil dieses Inruhegelassenwerden immer mit Verzicht verbunden ist. Die anderen lassen einen ja doch nicht in Ruhe. Die Leute, die sagen, ich gehe allem aus dem Wege, die geben doch nur auf. Wichtig sind einige Prinzipien, wie z.B. Selbstachtung. Das habe ich in der DDR gelernt. Man konnte sich nicht entziehen. Mal kurz in die Nische treten, das ging nicht. Man mußte sich entscheiden, so oder so, ob man wollte oder nicht. Man war politisch, weil man pausenlos politisch gefordert wurde.

Heute mache ich meine Sache auch nicht nur für mich. Das wird ja von anderen als Arbeitsmaterial benutzt, z.B. von Lehrern im Unterricht.

Aus unseren Bestellkarten sehen wir ziemlich genau, wer unsere Sachen kauft. Sehr viele Lehrer sind darunter. Und fast immer erwerben sie das Material, um es auch im Unterricht zu verwenden. Da fangen die Probleme an. Es hat schon Fälle gegeben, wo Lehrern gedroht wurde, sie müßten die Schule verlassen, wenn sie weiter diese Plakate einsetzen. Weil es nur noch um den Namen Staeck geht, gar nicht mehr um die Sache selbst. In einem Falle war Streitgegenstand das Plakat „Würden Sie dieser Frau ein Zimmer vermieten?“ Übrigens das am meisten im Unterricht benutzte Plakat. Man kann sehr schön daran feststellen, wie sozial Kinder eingestellt sind, wenn man sie nur beschreiben läßt, was sie da sehen.

b:e: Mich würde interessieren, was Kinder da interpretieren.

Staeck: Ganz, ganz verschiedene Sachen, sie sagen z.B.: ich sehe da nur eine alte Frau, der würde ich auch nichts geben, so häßlich wie sie ist, ich würde sie weiterschicken. Oder: zu mir könnte sie kommen, wenn sie die Miete bezahlt. Also ganz extreme Meinungen. Viele sehen den Widerspruch zwischen Text und Bild, manche sehen ihn überhaupt nicht.

b:e: Was für unterschiedliche Möglichkeiten gibt es, mit Ihren Grafiken im Unterricht zu arbeiten?

Staeck: Zunächst einmal – klassisches Muster – die Bildbeschreibung. Dann kann man meine Sachen als Anregung nehmen, selbst etwas zu machen. Montage, Collage, das ist ja zunächst einfach handhabbare Technik. Schließlich kann man so ein Plakat auch als Anstoß benutzen, um im Gespräch in ein Thema einzusteigen.

b:e: Haben Sie den Eindruck, daß die schleichende Selbstzensur in der Schule zugenommen hat?

Staeck: Ja. Sicher. Ich weiß es von vielen, daß die Schwierigkeiten zunehmen. Deshalb ist es immer gefährlich, über Schwierigkeiten zu reden. Ich rede neuerdings sehr ungern über Schwierigkeiten, weil dadurch erst andere erfahren, womit man alles Schwierigkeiten haben kann.

Beispiel: ich bekam einen Brief von einem Lehramtskandidaten. Er war in diesem berühmten Einstellungsgespräch plötzlich mit einem Mann vom Verfassungsschutz und einer dicken Akte über sich konfrontiert worden. Wichtigste wiederkehrende Frage: wie er zu mir stünde, ob er mich kennen würde, ob er Umgang mit mir hätte und wie oft er hier war usw. Darauf schrieb er mir einen aufgeregten Brief. Sag' mal, was ist eigentlich mit Dir los? Hast Du mit Terrorismus was zu tun. Ich habe hier lange Verhöre überstehen müssen, weil ich Dich kenne.

Anschließend habe ich diesen Brief Heinrich Böll gezeigt, den ich zufällig in Basel traf. Er erbat eine Fotokopie, um eventuell darüber etwas zu schreiben. Nach längerer Zeit schrieb er eine Satire mit dem schönen Titel „Du fährst zu oft nach Heidelberg". An den tatsächlichen Vorgang erinnerte fast nur noch ein kleiner Vorspann: Für Klaus Staeck, der weiß, daß diese Geschichte von Anfang bis Ende erfunden ist, aber oft zutrifft. Das wiederum las jetzt ein anderer Lehramtskandidat in der Zeitung, der an einer Arbeit über Heartfield und mich saß. Er schrieb mir darauf einen Brief. Gut, daß ich das noch rechtzeitig gelesen habe. Auf diese Weise habe ich erfahren, daß es im Augenblick offenbar gefährlich ist, mit Deinem Zeug umzugehen. Ich bin gleich zu meinem Professor gegangen und habe mit ihm zusammen das Thema geändert. Es stehen zwar immer noch die gleichen Sachen drin, wir haben nur Deinen Namen aus der Überschrift rausgenommen. Es kam der nächste Brief, in dem er wild gegen die Bundesregierung, Helmut Schmidt schimpfte usw. Ich habe schließlich zurückgefragt, wer ihn eigentlich zu dieser Einschränkung gezwungen habe. Wenn Du einen Professor hast, bei dem Du das Thema machen konntest, warum verzichtest Du freiwillig? Warum beschränkst Du Dich ohne Not, nur weil Du gelesen hast, ein anderer hat jetzt Schwierigkeiten? Immer mehr Leute fragen schon bei allem: darf man das? Kann man das machen? Natürlich gibt es auch Leute, die sich rauslehnen bis zum Gehtnichtmehr, aber es gibt auch viele, die die Signale über Verstärkeranlagen laufen lassen.

Ich merke es bei Ausstellungen ganz deutlich. Es ist kein Grund ersichtlich, warum ich früher immer im Monat 30–40 Ausstellungen hatte und im Augenblick kaum noch eine. Es wird immer schwerer, öffentliche Räume zu bekommen. Weil wir lange genug davon gesprochen haben, haben es auch andere mitbekommen und resignieren im voraus. Sie sagen manchmal auch mit Recht, wir können nicht als kleine Gruppe ein oder zwei Jahre einen Verwaltungsgerichtsprozeß führen, um irgend einen Ausstellungsraum zu bekommen. Andere z. B. mobilisiert es erst recht, indem sie gleich eine Straßenausstellung machen.

b:e: Nun ist ja Ihre Partei, die SPD, in der Regierung. Vor einem Jahr haben Sie sie noch bei den Wahlen aktiv unterstützt. Haben Sie nicht heute Schwierigkeiten, sich noch mit der Partei zu identifizieren?

Staeck: Es hat da immer Schwierigkeiten gegeben. Neue Schwierigkeiten gibt es, weil es schwerer wird, eine Perspektive zu erkennen. Aber solange die Perspektive woanders auch nicht zu sehen ist, jedenfalls sehe ich sie nicht, bleibt mir gar nichts anderes übrig, als ganz zäh weiterzuarbeiten. Als ich vor 21 Jahren in die SPD eintrat, war ich eine exotische Figur. In meiner ganzen Verwandtschaft galt ich damals als der Abtrünnige. An der Uni gab es 700 Jurastudenten, und wir wußten von ganzen drei Mann, die in der SPD waren. Heute sind vielleicht beim Finanzamt Ludwigshafen von 7 Volljuristen schon 4 in der SPD.

Das war damals eine andere Zeit, und ich bin in einer ganz anderen Solidarität groß geworden. Es gibt für mich keinen konkreten Anlaß zu sagen, jetzt gehe ich weg, wie manche das tun. Wobei ich frage: wo gehen sie dann hin? Es ändert sich nichts dadurch, daß jemand weggeht. Wenn es nicht gelingt, wenigstens diese riesige Partei zum Stehen zu bringen, wird niemand sonst den Weg nach rechts aufhalten. Auch die Gründung der USDP damals, womit manche nie aufhören zu liebäugeln, hat ja letztlich auch zu einem Desaster geführt, nicht zu einer Stärkung der gesamten linken Position, sondern zur Zersplitterung. Weggehen ist oft nur ein Davonlaufen vor den Problemen. Die Partei ist ja lediglich ein Dach für sehr viele verschiedene Menschen, und die sind nun einmal so. Es ist immerhin der Teil, von dem man noch am ehesten erwartet, daß er noch ein bißchen – ich scheue mich fast das Wort progressiv zu benutzen – anders denkt, anders fühlt als der Rest der Bevölkerung. Mit dem muß man arbeiten. Da kann man nicht davonlaufen. Natürlich ist das schwerer. Ich könnte es viel leichter haben, wenn ich mich wie die meisten Intellektuellen im Augenblick distanzierte. Sogar Mitglieder beginnen ja schon oft Diskussionen, indem sie sagen: ich bin in der SPD, aber ich finde sie schrecklich.

b:e: Ist das der Grund für Sie den „Krefelder Appel" gegen die Nachrüstung nicht zu unterschreiben?

Staeck: Nein, sondern weil ich gerade beim Thema Frieden wenig von Unterschriftensammlungen halte, obwohl ich selber viele andere gemacht habe. Das inzwischen wechselseitige Hochrechnen von Unterschriften ersetzt keine Politik. Dazu kommt, daß ich viele Situationen erlebte, wo es wie auf einem Tribunal zuging: Wo man sagt: Hast Du jetzt unterschrieben, oder hast Du nicht? Inzwischen gibt es aber so viele Appelle, daß ich schon wieder fast alle unterschreiben möchte, aber nicht in dem Bewußtsein, da groß etwas getan zu haben, sondern um dieses Appellstadium zu überwinden. Die ganze Diskussion um Appelle und Zahlen mutet mich sehr deutsch an. Wir verbeißen uns schon im Vorfeld. Wer aus dem Fehlen einer Unterschrift unter diesem oder jenem Aufruf auf mangelnden Abrüstungswillen schließen will, hat eine seltsame Auffassung von Politik. Auch die Neutronenbombenbefürworter in der CDU sagen, sie seien für den Frieden. Was haben wir davon? Gar nichts. Dem Frieden sind wir damit noch keinen Millimeter näher gekommen.

b:e: Von außen könnte es so aussehen, wenn Sie den Krefelder Appell nicht unterschreiben, daß es etwas zu tun hat mit der Angst vor den Kommunisten, die dort unterschrieben haben.

Staeck: Nein. Wenn ich vor jemanden keine Angst habe, dann vor den Kommunisten. Ich befasse mich seit vielen Jahren mit der Realität. Nicht nur daher weiß ich, daß sie hier bei uns politisch fast keine Rolle spielen. Die großen politischen Veränderungen werden von der DKP nicht beeinflußt. Und dann haben mich diese Links-Links-Kämpfe noch nie interessiert, die gelegentlich an absurdes Theater erinnern. Mich interessieren die Massen, denn sie befinden sich auf schrecklichen Wanderungen. Wanderungen, die uns alle wegspülen können. Das bedrückt mich. Die DKP ist nicht in der Lage, den Rechtsruck aufzuhalten. Hoffentlich besinnt sich die Sozialdemokratie auf diese zentrale Aufgabe. Dabei will ich mithelfen. Linke oder alternative Arroganz sind da wenig hilfreich.

b:e: Ich habe hier eine neue Postkarte gesehen, auf der ein Hochhaus ist, das abbröckelt und auf dem oben SPD draufsteht. Ist das die erste kritische Arbeit, die Sie gegen die eigene Partei richten?

Staeck: Gegen den Zustand der Partei. Aber es gibt natürlich andere Themen, bei denen ich nicht mit der offiziellen Parteimeinung übereinstimme, z.B. Radikalenerlaß, §88a, Umweltprobleme, Atomenergie, Abrüstung. Ich muß aber auch aus Fairneßgründen sagen, daß die Partei noch niemals irgend einen Versuch gemacht hat, irgendwas abzuwürgen. Ich habe mal Stände gehabt bei Parteitagen, bei offiziellen SPD-Veranstaltungen, da ist noch nie jemand gekommen und hat gesagt: „Aber das Plakat legst Du mal besser unter den Tisch."

b:e: Kriegen Sie „Partei-Aufträge"?

Staeck: Nein. Ich habe meinen Genossen sehr früh signalisiert, daß ich das nie machen würde. Ich möchte meine Unabhängigkeit behalten, und jedes direkte finanzielle Engagement der Partei würde sie sofort beenden. Das ist überall so. Wer Geld gibt, will auch mit hineinreden. Das ist sein gutes Recht, aber das möchte ich nicht. Ich glaube nicht, daß man Satire durch ein Gremium bringen kann. Es gibt in jedem Gremium der Welt einen, der sagt: Satire versteht sowieso keiner. Gerade dort trifft man auf jene Leute, die immer ganz genau wissen wie andere denken. In der Regel wissen sie gerade davon fast nichts. Das ist eine besondere Spezialität der Linken.

b:e: Gibt es eigentlich ein Plakat, das Ihnen nachträglich leid tut?

Staeck: Bei einigen sage ich mir: das finde ich rein handwerklich nicht mehr gut.

b:e: Und von der politischen Aussage?

Staeck: Von der politischen Aussage? Spontan fällt mir keins ein. Leider bleiben alle Probleme aktuell, sieht man von Politikern ab, die in der Versenkung verschwinden.

b:e: Ich komme drauf, weil Heinrich Böll z.B. sich neulich skeptisch geäußert hat, ob er nicht selber zu oft zu einer unguten politischen Polarisierung beigetragen habe. Er sagt das auch im Hinblick auf die Person Strauß.

Staeck: Das ist das ernsteste Thema überhaupt. An diesem Punkt kann man mich – bei aller Routine – unsicher machen. Das kommt auch von guten Freunden immer häufiger. Sind wir nicht an einem Punkt angelangt, wo die ganze Demokratie gefährdet ist, wo kaum noch Leute oder Institutionen da sind, auf die man sich verlassen kann, wenn's hart auf hart geht? Die Nennung meines Namens löst bei sehr vielen CDU-Leuten nur noch blanken

Haß aus, leider. Gelegentlich, ganz selten, Bereitschaft zum Diskutieren. Es geht dann gar nicht mehr um Plakate und Inhalte. Ich bedaure das sehr.

b:e: Sie wollen Ihr Publikum gar nicht spalten?

Staeck: Nein. Das möchte ich eigentlich nicht. Mir ist die Demokratie wichtiger als das Rechtbehalten. Ich würde mich freuen, wenn ein Plakat sich selber überholt und ich sagen könnte: das ist endlich mal inaktuell geworden. Es wäre schön, wenn die Mainverschmutzung z. B. so weit zurückgegangen wäre, daß mein Plakat mit Goethes zerfressenem Fuß einfach nicht mehr zutrifft.

Wir wollen ja die Welt verändern, zum Besseren hoffentlich und nicht bloß den Spiegel vorhalten und sagen: so schlimm seid ihr.

Ich habe längere Zeit nichts Parteipolitisches gemacht, weil ich glaube, es ist nicht gut im Augenblick, weder in die eine noch in die andere Richtung.

Wichtiger als Polarisierung ist mir z. B. mitzuhelfen, in der Friedensbewegung einen Konsens herzustellen. Und den braucht man über alle Aufrufe hinweg, damit wirklich der Frieden bewahrt werden kann.

Es geht ja nicht darum, daß die Linken wieder mal einen Dreh gefunden haben, wie manche sagen: Früher haben Sie Herrn Springer gehabt, dann Herrn Strauß, dann war es die Umweltverschmutzung, heute haben sie den Frieden. Was gibt's denn nun morgen? Ich kenne viele, die das jetzt schon sagen.

Leider ist der 68er Aufbruch, an dem wir ja alle in irgendeiner Weise beteiligt waren, und in den wir große Hoffnungen gesetzt haben, zu rasch versandet. Die tollen Leute, die sich damals revolutionär gebärdeten, wo sind sie geblieben?

b:e: Zum Beispiel als Volljuristen im Finanzamt Ludwigshafen.

Staeck: Wenn sie sich dort an ihre Vorsätze erinnerten, könnte das ja ein Weg zur Veränderung sein.

Ich bin viel bescheidener geworden. Die großen Illusionen, die habe ich, glaube ich, schon in der Schule abgelegt. Daß die Menschen sich fast nicht verändern, habe ich u. a. in der SPD gelernt. Als ich damals beitrat, kam ich mit großen sozialistischen Vorstellungen. Dann habe ich mir meine Genossen alle angesehen und gesagt: das ist nun die Vorhut des Proletariats hier? Da muß man aufpassen, daß sie nicht zurückfallen. Da waren aber Leute dabei, die hatten schon im KZ gesessen, die hatten ihr Leben riskiert, hatten mit ihrer ganzen Person für eine Idee gekämpft und waren nun kaum zu bewegen, für oft harmlose Dinge einzutreten. Da bin ich sehr bescheiden geworden. Deshalb setze ich auch gar nicht bei den großen revolutionären

Dingen an. Wer glaubt, in Deutschland Revolution machen zu können, der soll mal losgehen. Vielleicht findet er ein paar Freunde, die mit ihm ein Dorfgasthaus besetzen.

b:e: Auf der einen Seite machen Sie die agressivsten Polit-Plakate, andererseits machen Sie sich Sorgen um die Erhaltung des demokratischen Konsens im Lande.

Staeck: Das muß kein Widerspruch sein.

b:e: Sie sagen die Massen seien auf einem schrecklichen Weg ins Verderben, und plädieren politsch für kleine Schritte. Sie müssen viele Anfeindungen aushalten, obwohl Sie eigentlich meinen, der Mensch sei kaum veränderbar. Sie haben die DDR verlassen und werden dort heute mit Ausstellungen gefeiert. Sie versuchen die Friedensbewegung zu einen, aber unterzeichnen den verbreitetsten Appell nicht.

Staeck: Man kann das als Widersprüche sehen – für mich sind es keine. Ich halte nicht viel von der reinen Lehre, da sie in der Praxis meist zu maßloser Enttäuschung führt. Ich halte vor allem nichts von der Vorstellung, daß es ein linkes Paradies gäbe. Ich bin nicht sehr religiös, weder in der einen, noch in der anderen Richtung. Manchmal habe ich das Gefühl, daß eine Menge Leute die Utopie verwechseln mit einer fast religiösen Vorstellung. Meine Vorstellungen sind korrigiert worden, aber nicht, weil ich resigniert habe. Ich reduziere glegentlich den Anspruch, fange wieder bei Null an, komme aber gerade deshalb doch immer wieder an die Realität so nahe ran. Es ist nicht so, daß die große Fanfare die Leute so oder so bewegt. Man muß an den Leuten dran bleiben, ihnen zu schaffen machen. Das ist mir bisher immer gelungen. Die Rechten fürchten mich wie der Teufel das Weihwasser. Das tun sie nicht bei manchem anderen großen Linken. Sie tun es auch deshalb, weil sie genau wissen, daß ich es immer noch fertigbringe, mit meinen Sachen an Menschen heranzukommen, die nicht endgültig festgelegt sind. Die eigene Gemeinde zu missionieren mag wichtig sein, aber es kann nicht das vordringliche Ziel sein.

b:e: Woher nehmen Sie denn die Kraft, Anfeindungen auszuhalten?

Staeck: Ich bin recht stark, obwohl ich körperlich eher schmächtig bin. Deshalb mußte ich immer innerlich stark sein.

b:e: Sie wollen auch stark sein?

Staeck: Ich will das auch. Aber ich habe jedes Verständnis für Schwäche. Ich war selbst einmal in einem Zustand, wo es mir sehr schlecht ging und ich nicht mehr ein noch aus wußte. Ich weiß also, was Schwäche ist. Aber ich habe schon einige Niederlagen hinter mir. Ich meine nur, daß es ein paar

Menschen geben muß – ich bin nicht der einzige, Gott sei Dank – die sich nicht opportunistisch verhalten dürfen. Ich hasse den Opportunismus in jeder Hinsicht, deshalb hasse ich auch Leute, die aus Opportunismus bestimmte Aufrufe unterschreiben – solche oder solche. Ich nehme lieber in Kauf, zwischen allen Stühlen zu sitzen.

So bin ich auch oft beunruhigt von linken Massenversammlungen. Ich weiß ganz genau, daß alle auf dem Podium wissen, was sie sagen müssen, um Applaus zu kriegen, und sie machen das meist auch. Das Kritische fällt allzuoft unter den Tisch dabei.

Dabei leben wir im Augenblick in einer ungeheuer wichtigen Zeit. Wir brauchen alle Phantasie und Energie, um die eigene Ausrottung zu verhindern. Dabei sollte es sich niemand zu einfach machen und Herrn Reagan als schrecklichen Cowboydarsteller verachten, der eine miese Rolle in seinem bisher größten Film spielt. Er vertritt sehr viele Menschen, die ebenso denken wie er, nicht nur in USA. Die Intellektuellen haben schon bei seiner Wahl eine merkwürdige Rolle gespielt. Sie haben sich über seine alten Filme amüsiert, vor allem den, in dem Reagan mit dem Schimpansen Bonzo spricht. Sie haben herzlich gelacht über den komischen Kerl, der da bald auf sie zukommen könnte und zum Schluß Herrn Anderson gewählt. Unpolitischer gehts nimmer. Nach meiner Erfahrung fliehen die Linken mehr vor der Realität als andere Gruppen. Wenn man Amnesty-Berichte liest und die Entwicklung in der Dritten Welt analysiert, kann man schon Zweifel an der Wirklichkeit der eigenen Arbeit bekommen. Trotzdem hat es aber keinen Sinn zu resignieren, sondern man muß was tun. Was hier noch verteidigungswert ist, ist gar nicht so wenig. Die beim Anblick jedes Polizisten immer gleich den Polizeistaat beschwören, helfen mir auch nicht weiter. Das Problem ist gerade, den Polizeistaat zu verhindern. Aus jeder Polizeiaktion den Polizeistaat abzuleiten ist töricht und lähmend. Ich halte es lieber weiter mit dem mühsamen, nicht von schnellen Erfolgen gekennzeichneten Weg: Wie kann man die Menschen instand setzen zu widerstehen, auch der eigenen Bequemlichkeit und Phantasielosigkeit? Wie kann man ihnen klar machen, daß nicht immer nur die anderen Schuld sind und sie die Demokratie nicht nur als theoretische Chance begreifen? Daran arbeite ich. ●

Anhang

Die Befragten und ihre Bücher

Heinrich Albertz

Jg. 1915, evangelischer Pfarrer, wurde von den Nationalsozialisten wegen eines Fürbittgottesdienstes für Martin Niemöller zu einer Freiheitsstrafe verurteilt. 1947 zog er für die SPD in den niedersächsischen Landtag ein, ab 1948 war er Minister für Flüchtlingsangelegenheiten. Seit 1955 lebt Albertz in Berlin (West). Von 1961–1963 Senator für Inneres, 1963–1966 Bürgermeister und Senator für Polizei, Sicherheit und Ordnung. 1966/1967 war Albertz Regierender Bürgermeister.

Veröffentlichungen u. a.:

Albertz, Heinrich: Blumen für Stukenbrok. Biographisches. Radius-Verlag, Stuttgart 1981, 320 S., DM 34,–

Albertz, Heinrich/Bastian, Gert/Belafonte, Harry: Friedenserklärung. Ein bundesdeutsches Lesebuch. Atelier im Bauernhaus, Fischerhude 1982, 120 S., DM 16,80

Albertz, Heinrich (Hrsg.): Warum ich Pazifist wurde. Kindler Verlag, München 1983, 160 S., DM 16,80

Jurek Becker

Jg. 1937, in Lodz (Polen) geboren, verbrachte die ersten Jahre seiner Kindheit in Ghettos und KZs, lebte mit seinen Eltern nach 1945 in Berlin (Ost), seit 1960 freier Schriftsteller, Mitglied der SED, DDR-Nationalpreisträger, trat nach der Ausbürgerung Wolf Biermanns 1977 aus dem DDR-Schriftstellerverband aus und übersiedelte mit Genehmigung der Behörden nach West-Berlin.

Veröffentlichungen u. a.:

Jakob der Lügner. Roman, 1981, 282 S., DM 9,– (Taschenbuchausgabe)

Irreführung der Behörden. Roman, 1975, 250 S., DM 8,– (Taschenbuchausgabe)

Der Boxer. Roman, 1979, 304 S., DM 8,– (Taschenbuchausgabe)

Schlaflose Tage. Roman 1980. 158 S., DM 7,– (Taschenbuchausgabe)

Nach der ersten Zukunft. Erzählungen, 1980, 272 S., DM 24,–

Alle seine Bücher sind im Suhrkamp Verlag, Frankfurt/M. erschienen.

Bernt Engelmann

Jg. 1921, in Berlin geboren. Er lebt in Rottach-Egern

Veröffentlichungen u. a.:

Engelmann, Bernt/Wallraff, Günter: Ihr da oben – wir da unten. rororo-Taschenbuch, Reinbek 1976, 309 S., DM 6,80

Engelmann, Bernt: Wir Untertanen. Ein Deutsches Anti-Geschichtsbuch. Fischer-Taschenbuch, Frankfurt/M. 1982, 365 S., DM 9,80

Engelmann, Bernt: Preußen. Land der unbegrenzten Möglichkeiten. Goldmann, München 1981, 458 S., DM 9,80

Wie wir wurden, was wir sind. Von der bedingungslosen Kapitulation bis zur unbedingten Wierbewaffnung. Goldmann, München 1982, 351 S., DM 9,80

Auf gut deutsch. Ein Bernt Engelmann Lesebuch mit Ausschnitten aus veröffentlichen und bisher unbekannten Arbeiten. Goldmann, München 1983, 510 S., DM 8,80

Erich Fried

Jg. 1921, in Wien geboren, floh 1938 nach der Besetzung Österreichs nach England. Seit 1946 freier Schriftsteller. Übersetzungen aus dem Englischen, Hebräischen und Griechischen (Shakespeare, Dylan Thomas, T. S. Eliot, Sylvia Plath u. a.). Lebt in London.

Veröffentlichungen u. a.:

Die Beine der größeren Lügen/Unter Nebenfeinden/Gegengift. Drei Gedichtsammlungen. 168 S., DM 15,80

Liebesgedichte, 112 S., DM 12,80

Fast alles Mögliche. Wahre Geschichten und gültige Lügen. Prosa. 144 S., DM 14,80

Die Freiheit den Mund aufzumachen. 48 Gedichte. 72 S., DM 9,80

Anfechtungen. Gedichte in drei Abteilungen und ein Gedichtzyklus. 84 S., DM 9,80

Das Unmaß aller Dinge. Erzählungen. 96 S., DM 14,80

Das Nahe suchen. Gedichte. 96 S., DM 14,80

Kinder und Narren. Erzählungen. 160 S., DM 10,–

Alle Bücher sind im Verlag Klaus Wagenbach, Berlin erschienen.

Zur Zeit und zur Unzeit. Gedichte. Bund-Verlag, Köln, 148 S., DM 14,80

Günter Grass

Jg. 1927, in Danzig geboren, lebt in Berlin

Veröffentlichungen u. a.:

Grass, Günter: Die Blechtrommel. Luchterhand, Neuwied/Darmstadt 1981, 493 S., DM 12,80

Katz und Maus, Luchterhand. Neuwied/Darmstadt 1982, 112 S., DM 5,80

Hundejahre. Luchterhand, Neuwied/Darmstadt 1981, 473 S., DM 11,80

Aus dem Tagebuch einer Schnecke. Luchterhand, Neuwied/Darmstadt 1982, 264 S., DM 13,80

Der Butt. Fischer Taschenbuch, Frankfurt 1981, 560 S., DM 10,80

Kopfgeburten oder die Deutschen sterben aus. Luchterhand Neuwied/Darmstadt 1982, 144 S., DM 9,80

Max von der Grün

Jg. 1926, in Bayreuth geboren, lebt seit 1963 in Dortmund; arbeitete als Baumwollpflücker, Holzfäller, Zuckerrohrschläger und Bergmann.

Veröffentlichungen u. a.:

Zwei Briefe an Pospischiel. 1981, 221 S., DM 10,80

Wie war das eigentlich? 1982, 261 S., DM 10,80

Leben im gelobten Land. 1981, 177 S., DM 8,80

Stellenweise Glatteis. 1981, 292 S., DM 11,80

Männer in zweifacher Nacht. 1981, 164 S., DM 9,80

Alle Bücher erschienen im Luchterhand Verlag, Neuwied/Darmstadt

Flächenbrand. 1982, 269 S., DM 6,80

Irrlicht und Feuer. 1979, 188 S., DM 4,80

Vorstadtkrokodile. 1978, 96 S., DM 4,80

Alle Bücher erschienen im Rowohlt Verlag, Reinbek

Peter Härtling

Jg. 1933 in Chemnitz (heute Karl-Marx-Stadt/DDR) geboren und lebt in Walldorf (Hessen).

Veröffentlichungen u.a.:

Ben liebt Anna. 1982, 80 S., DM 13,80

Das war der Hirbel. 1981, 64 S., DM 8,80

Oma. 1982, 96 S., DM 15,80

Alle Bücher erschienen im Beltz Verlag, Weinheim/Basel

Eine Frau. 1983, 252 S., DM 12,80

Hölderlin. 1982, 392 S., DM 15,80

Nachgetragene Liebe. 1982, 169 S., DM 12,80

Zwettl. 1983, 128 S., DM 8,80

Alle Bücher erschienen im Luchterhand Verlag Neuwied/Darmstadt

Hubert oder Die Rückkehr nach Casablanca. Fischer TB Verlag, Frankfurt/M. 1980, 254 S., DM 7,80

Stefan Heym

Jg. 1913, in Chemnitz geboren, lebt in Berlin (Ost). 1933 Emigration in die Tschechoslowakei, dann in die USA. Studium in Chicago. 1943 amerikanischer Soldat. Nach dem Krieg Mitbegründer der „Neuen Zeitung" in München, seit 1953 freischaffender Schriftsteller in der DDR.

Veröffentlichungen u.a.:

Der Fall Glasenapp. Roman. Fischer TB, Frankfurt/Main, 3. Aufl. 1982, 300 S., DM 9,80

Der bittere Lorbeer. Roman. Goldmann, München, Große Reihe 1981, 994 S., DM 16,80

Goldsborough. Roman. Goldmann, München, Große Reihe 1981, 544 S., DM 14,80

Lassalle. Roman. Goldmann, München, Große Reihe 1981, 357 S., DM 10,80

Wege und Umwege. Fischer TB Verlag, Frankfurt/M. 1983, 384 S., DM 14,80

Fünf Tage im Juni. Roman. Fischer TB, Frankfurt/Main 1977, 264 S., DM 7,80

Collin. Roman. Bertelsmann, München 1979, 400 S., DM 34,–

Ahasver. Roman. Bertelsmann, München 1981, 320 S., DM 34,–

Hans A. Pestalozzi

Jg. 1929, Studium der Wirtschaftswissenschaften an der Hochschule St. Gallen. Ab 1955 persönlicher Mitarbeiter von Gottlieb Duttweilder. 1964–1979 Leiter des Gottlieb-Duttweiler-Instituts. Seit 1979 freier Publizist und autonomer Agitator.

Veröffentlichungen u. a.:

Nach uns die Zukunft. Kösel Verlag, München 1979, 220 S., DM 24,80

Rettet die Schweiz. Zytglogge Verlag, Gümlingen 1982, 315 S., sfr. 12,–

Horst-Eberhard Richter

Prof. Dr. med., Dr. phil., Jg. 1923 in Berlin geboren, studierte Medizin, Philosophie und Psychologie, absolvierte eine Ausbildung zum Psychoanalytiker. Von 1952 bis 1962 war er leitender Arzt der Beratungs- und Forschungsstelle für seelische Störungen im Kindesalter am Kinderkrankenhaus in Berlin-Wedding. Seit 1962 ist er Inhaber des Lehrstuhls für Psychosomatische Medizin am Klinikum der Justus-Liebig Universität Gießen.

Veröffentlichungen u. a.:

Alle redeten vom Frieden. Versuch einer paradoxen Intervention. ro-ro-ro, Reinbek, 1981, 252 S., DM 24,–

Zur Psychologie des Friedens. ro-ro-ro, Reinbek, 1982, 315 S., DM 24,–

Die Gruppe. Hoffnung auf einen neuen Weg, sich selbst und andere zu befreien. ro-ro-ro, Reinbek, 1978, 356 S., DM 7,80

Flüchten oder Standhalten. ro-ro-ro, Reinbek 1976, 314 S., DM 7,80

Lernziel Solidarität. ro-ro-ro, Reinbek 1974, 320 S., DM 7,80

Eltern, Kind und Neurose. ro-ro-ro, Reinbek 1969, 280 S., DM 7,80

Klaus Staeck

Jg. 1938, in Pulsnitz bei Dresden geboren, lebt heute als Grafiker und Rechtsanwalt in Heidelberg.

Veröffentlichungen u. a.:

Einschlägige Worte des Kandidaten Strauss. 1979, 192 S., DM 5,–

Die Leiden des Axel Cäsar Springer. 1981, 192 S., DM 5,–

Worte des Statthalters Kohl. 1976, 192 S., DM 5,–

Alle Bücher erschienen im Steidl Verlag, Göttingen

Die Gespräche führten:

Mit Stefan Heym, Erich Fried, Hans A. Pestalozzi:
Peter E. Kalb.

Mit Peter Härtling, Bernt Engelmann, Jurek Becker, Klaus Staeck:
Peter E. Kalb und Wolfgang Geisler.

Mit Günter Grass, Heinrich Albertz:
Carl-Heinz Evers und Peter E. Kalb.

Mit Max von der Grün:
Klaus Peter Creamer und J. Rainer Didszuweit.

Mit Horst-Eberhard Richter:
Klaus Peter Creamer und
Richard Meng.

Bildquellen

S. 10	Peter E. Kalb
S. 22	Beltz Verlag
S. 31	E. Grasser, Bertelsmann Verlag
S. 40	Dr. Walther H. Pehle
S. 48	Isolde Ohlbaum
S. 56	Peter E. Kalb
S. 68	Catherine Fried, Verlag Klaus Wagenbach
S. 82	Peter E. Kalb
S. 96	betrifft:erziehung
S. 106	dpa
S. 118	dpa